Adolf Hromada

Die vorsokratische Naturphilosophie der Griechen und die moderne Naturwissenschaft

Adolf Hromada

Die vorsokratische Naturphilosophie der Griechen und die moderne Naturwissenschaft

ISBN/EAN: 9783743421349

Hergestellt in Europa, USA, Kanada, Australien, Japan

Cover: Foto ©berggeist007 / pixelio.de

Manufactured and distributed by brebook publishing software (www.brebook.com)

Adolf Hromada

Die vorsokratische Naturphilosophie der Griechen und die moderne Naturwissenschaft

Sechstes
PROGRAMM

der

II. deutschen Staats-Oberrealschule

in

PRAG.

Inhalt:

I. Die vorsokratische Naturphilosophie der Griechen und die moderne Naturwissenschaft von Prof. Dr. Adolf Hromada. (Fortsetzung und Schluss).
II. Schulnachrichten vom Director Karl v. Ott.

Veröffentlicht
am
Schlusse des Schuljahres 1878—79.

PRAG.
Verlag der Anstalt. — Druck der Statthaltereidruckerei.
1879.

Bekanntmachung
bezüglich der Aufnahme für das Schuljahr 1879–80.

Die Einschreibungen der neu eintretenden Schüler werden am 12. und 13. September, jene der alten am 14. September, jedesmal von 8—12 Uhr im Schulgebäude (Insel Kampa Nr. 14 neu) stattfinden.

Schüler, welche in die erste Klasse kommen wollen, haben das Klassenergebnis von einer öffentlichen Volks- oder Uibungsschule vorzulegen, haben ferner durch den Tauf- oder Geburtsschein nachzuweisen, dass sie 10 Jahre alt sind oder es noch im laufenden Solarjahre werden und müssen sich einer Aufnahmsprüfung unterziehen, von deren befriedigendem Erfolge die definitive Aufnahme abhängig ist. Diese Prüfungen werden am 12. und 13. September jedesmal um 2 Uhr Nachmittags beginnen, und haben sich die betreffenden Schüler mit den nöthigen Schreibrequisiten zu versehen.

Bei dieser Aufnahmsprüfung wird gefordert:

Jenes Mass von Wissen in der Religion, welches in den ersten vier Jahreskursen der Volksschule erworben werden kann; Fertigkeit im Lesen und Schreiben der Unterrichtssprache; Kenntniss der Elemente aus der Formenlehre der Unterrichtssprache, Fertigkeit im Analysiren einfacher bekleideter Sätze, Bekanntschaft mit den Regeln der Orthographie und Interpunktion und richtige Anwendung derselben beim Diktandoschreiben; Uibung in den vier Grundrechnungsarten in ganzen Zahlen.

Jene Schüler der Anstalt, welche Nachtrags- oder Wiederholungsprüfungen zu machen haben, werden provisorisch eingeschrieben, und hängt ihre definitive Aufnahme in den nächsthöheren Jahrgang natürlich von dem Ausfalle des am 13. September um 2 Uhr Nachmittags beginnenden Examens ab.

Direction der zweiten deutschen Staats-Oberrealschule in Prag.

Karl v. Ott,
k. k. Director.

Die vorsokratische Naturphilosophie der Griechen und die moderne Naturwissenschaft.

II.*

Die im vorangehenden Abschnitte Eingangs aufgestellte Behauptung, dass die Weltanschauung der modernen Naturwissenschaft nur ein neues Gebäude auf alten Fundamenten sei, die wir dem altgriechischen Genius verdanken, mag wol kühn und gewagt erscheinen. Inwieweit sie berechtigt ist, dürfte sich am einfachsten erweisen lassen, wenn wir nunmehr, nachdem wir diese alten Fundamente, soweit es für den vorliegenden Zweck notwendig erschien, kennen gelernt haben, unsere Aufmerksamkeit dem allmäligen Aufbau des stolzen modernen naturwissenschaftlichen Lehrgebäudes zuwenden.

Länger als zwei Jahrtausende waren diese Fundamente verdeckt von den zahlreichen, aus den Lehren des Plato und Aristoteles nacheinander sich entwickelnden Lehrgebäuden des späteren Alterthums und des Mittelalters, unter welchen das der Scholastik das bedeutendste war. Zwar gab es auch im Mittelalter einzelne Forscher, denen jene Fundamente wol bekannt waren. Vor allen verdient erwähnt zu werden Nicolaus de Autricuria, der im Jahre 1348 in Paris gezwungen wurde, unter anderen Lehrsätze auch den echt demokriteischen zu widerrufen, dass die Naturprocesse nur auf Bewegung beruhen, indem sie Verbindung und Trennung der Atome sind. Es war dies eben in einer Zeit, in welcher es für den Mann der Wissenschaft gefährlich war, sich mit Resultaten der Forschung, die den allgemein anerkannten Ansichten entgegen waren, an das Tageslicht zu wagen.

Erst im 15. Jahrhunderte fieng das scholastische Lehrgebäude an zu verfallen. Einzelnen hervorragenden und selbstständigen Geistern gelang es, sich durch den Schutt der Scholastik bis zu den aus dem griechischen Alterthum stammenden Fundamenten durchzuarbeiten und sie endgiltig bloszulegen, damit sie die Grundfesten eines neuen Lehrgebäudes würden. Laurentius Valla**) bemüht sich, die Ehre des vielgeschmähten Epikur

---
*) Der erste Abschnitt erschien im Jahresberichte der zweiten deutschen Staatsrealschule für das Schuljahr 1878.
**) Laurentius Valla, geboren zu Rom 1407, gestorben ebenda 1457, übersetzte die Ilias, den Herodot und Thukydides und bekämpfte mit Erfolg die herrschende geschmacklose Subtilität in der philosophischen und den Mangel an Kritik in der historischen Forschung.

zu retten und ihn vom Kothe scholastischer Verleumdungen zu reinigen. Ludwig Vives*) kämpft eifrig gegen die Scholastik und räth den gänzlichen Bruch mit den aristotelischen Traditionen und Rückkehr zur directen Befragung der Natur und zum Experiment.

„Allmälig erheben sich die Geister des klassischen Alterthums, um die lichtentwöhnten Augen des mittelalterlichen Menschen zu blenden mit all ihrer Formenpracht und Gedankenfülle — eine neue Erziehung des Menschengeschlechtes beginnt. Die Schätze der Künste und Wissenschaften aus längst untergegangen geglaubten Culturen, die Gedanken und Gefühle der inneren Geistes- und Gewissenswelt — alles kommt in ein unaufhaltsames Rollen — die Erde selbst widersteht diesem Bewegungsdrange nicht; auch sie will ihren wirklichen Mittelpunkt finden, und eine absolut veränderte Weltperspective eröffnet sich, indem Copernicus die endliche Welt ins Unendliche erweitert."

Copernicus bringt, an pythagoreische Traditionen anknüpfend, das heliocentrische System wieder zu Ehren und versetzt dadurch dem Festhalten an geheiligten Traditionen den wuchtigsten Hieb.

Ein eifriger Verfechter des copernicanischen Systems und noch eifrigerer Widersacher des mittelalterlichen Aristotelismus, Giordano Bruno**), verknüpft sinnreich die Lehre Epikurs von der Unendlichkeit der Welten mit der copernicanischen Doctrin, indem er die Fixsterne als Sonnen auffasst, die in unendlicher Zahl den Weltraum durchmessen. Im Gegensatz zu Aristoteles und zur Scholastik bezeichnet er die Materie nicht als das blos Mögliche, sondern als das Wirkliche und Wirkende. Die Materie ist das wahre und eigentliche Wesen der Dinge, das alle Formen aus sich selbst hervorbringt.

Giordano Bruno wurde im letzten Jahre des 16. Jahrhundertes in Rom wegen Ketzerei verbrannt. Der Feuerschein seines Scheiterhaufens leuchtete ins 17. Jahrhundert hinein, und an ihm entzündete sich die Lichtfackel, die die neue Periode der Wissenschaften erhellt. Das Leben, Wirken und der Tod dieses Mannes hat einen sehr bedeutenden Einfluss auf die Zeitgenossen

---

*) Ludwig Vives, geboren zu Valencia 1492, gestorben zu Brügge 1540, ein Freund des Erasmus, wirkte besonders einflussreich durch seine Schrift „de causis corruptarum artium."

**) Giordano Bruno, geboren 1548 zu Nola im Neapolitanischen, ist der Fortbildner der Lehre Nicolaus des Cusauers im kirchenfeindlichen Sinne. Er studierte in Neapel, trat in den Dominikanerorden ein, verliess aber später denselben und begab sich nach Genua, Venedig, Genf, dann über Lyon und Paris nach London, wo er drei Jahre weilte. Auf der Rückreise berührte er Wittenberg, Frankfurt a. M., Prag, Zürich. In Venedig wurde er festgenommen und nach Rom ausgeliefert. Nach mehrjähriger Gefangenschaft wurde er vom geistlichen Gerichte wegen Ketzerei, die er nicht widerrufen wollte, verurtheilt und dem weltlichen Gerichte überliefert, mit der Bitte, man möge ihn so mild als möglich und ohne Blutvergiessen bestrafen. Dies war gleichbedeutend mit der Verurtheilung zum Scheiterhaufen. Er starb standhaft 17. Februar 1600.

geübt und das Auftreten jener Männer vorbereitet, welche als die Begründer der neuen Weltanschauung und **Erneuerer der vorsokratischen Naturphilosophie** bezeichnet werden müssen.

Die Reihe derselben eröffnete **Franz Baco von Verulam***), der Begründer der empiristischen Richtung in der neueren Philosophie und demnach auch des modernen Realismus. Mit seltener Genialität hat Baco den Geist seiner Zeit zu erfassen und ihn in seiner Lehre abzuspiegeln gewusst, so dass er seine Philosophie mit vollem Rechte eine „Tochter ihrer Zeit" nennen durfte. Deshalb errang auch die von ihm begründete empiristische Richtung namentlich in England in kürzester Zeit einen so bedeutenden Anhang und einen so durchschlagenden Erfolg.

Zur Begründung einer naturgemässen Cultur, echter Humanität und Steigerung des Glückes der menschlichen Gesellschaft ist nach Baco vor allem die Herrschaft des Menschen über die Natur nothwendig. Die gewaltigen Kräfte derselben kann sich aber der Mensch nur dann unterthan machen, wenn er sie im regen Verkehr mit ihr genau kennen lernt und ihr selbst die Gesetze ablauscht. Die methodisch geleitete Beobachtung und das Experiment sind die erste Grundlage einer wahren Sachkenntniss. Aus der Erfahrung hat dann der Forscher durch Induction allmälig zu immer allgemeineren Gesetzen vorzudringen, bis er schliesslich das allgemeinste, die „Einheit der Natur" ausdrückende Gesetz zu finden im Stande sein wird. Bei der Erforschung der Welt darf aber der Mensch weder so verfahren wie die Spinne, die alles aus sich selbst hervorbringt, noch wie die Ameise, die blos sammelt, sondern wie die Biene, welche sammelt und verarbeitet. Zuerst muss das Baumaterial für ein Gebäude der Wissenschaften gesammelt und dieses dann nach den architectonischen Gesetzen der Induction geordnet werden.

---

*) **Franz Baco**, Sohn des Grosssiegelbewahrers von England Nicolaus Baco, wurde 1561 zu London geboren. Er studierte in Cambridge, lebte zwei Jahre in Paris und widmete sich hierauf der Rechtspraxis. Im Jahre 1595 trat er in das Parlament ein, wurde 1604 Rechtsbeistand der Krone, 1617 Grosssiegelbewahrer, 1618 Lordkanzler und Baron von Verulam, 1620 Vicegraf von Sct. Albans. Ein Jahr später wurde er vom Parlamente wegen Bestechlichkeit angeklagt und bekannte sich in allen ihm zur Last gelegten Fällen schuldig, jedoch nur in soweit, dass er Geschenke von Parteien erst nach Entscheidung einer Angelegenheit angenommen habe, was damals in England ganz allgemein geschah. Er wurde verurtheilt, verlor alle Ämter und lebte zurückgezogen bis zu seinem im Jahre 1626 erfolgten Tode. Baco war zwar kein grosser und reiner Charakter, man kann jedoch mit Recht annehmen, dass seine Schuld vielfach übertrieben wurde. Was mit seinen Schattenseiten einigermassen versöhnen kann, ist seine grosse Liebe zu den Wissenschaften. Seinen grossartigen Plan, die Wissenschaften neu zu gestalten, führt er in seinem dem König Jacob gewidmeten Hauptwerke „Instauratio magna" durch, indem er zuerst das Gebiet der einzelnen Wissenschaften umschreibt (de dignitate et augmentis scientiarum), die Methode der Untersuchung darstellt (Novum Organon) und endlich die Darstellung der Wissenschaften und ihrer Anwendung zu Erfindungen versucht (Sylva sylvarum). In letzterer Hinsicht hat er nur Beiträge geliefert.

So bekannt diese Grundsätze gegenwärtig sind, so neu waren sie zur Zeit Baco's. Sein grossartig angelegtes Werk „Magna Instauratio" ist eine ganz neue Schöpfung. In ihr versucht Baco zuerst ein Programm der gesammten Wissenschaften aufzustellen, und mit Recht nennt d'Alembert den ersten Theil derselben, welcher den Titel „de dignitate et augmentis scientiarum" führt, einen „catalogue immense de ce qui reste à découvrir." Im zweiten Theil dieses Werkes behandelt Baco die Methode der Induction und nennt ihn im Gegensatz zu dem vorzüglich die deductive Logik behandelnden Organon des Aristoteles ein „Novum Organon." Alle Systeme der inductiven Logik, die seither entstanden sind, weisen auf Baco's Werk als ihre Urquelle hin.

Doch woher rührt der klägliche Zustand der Wissenschaft? Weshalb ist die Menschheit auf dem wissenschaftlichen Gebiete so wenig vorwärts gekommen, dass eigentlich der Forschung erst ein neuer Plan vorgezeichnet und eine neue Methode vorgeschrieben werden muss? Die Ursache des Übels lag nach Baco's Ansicht einzig und allein in der Überschätzung und dem Festhalten an Plato und Aristoteles, von denen jener die Weltanschauung durch theologische Dogmen verdarb, während dieser sie durch seine logischen Kategorien unmöglich machte. Was hätte die Menschheit in zwei Jahrtausenden leisten können, wäre sie statt Plato und Aristoteles Demokrit oder wenigstens Empedokles gefolgt. Das System Demokrits schätzt Baco unter allen philosophischen Systemen am höchsten. In ihm mag er einen verwandten Geist gefunden haben. Er rühmt das tiefe Eindringen Demokrits in das Wesen der Natur und erklärt, dass ohne die Annahme der Atome die Natur sich nicht gut erklären liesse.

Trotz der politischen Stürme, die England bald nach Baco's Tode verwüsteten, hat doch der Same, den er gesäet, sogleich Wurzel geschlagen. Zwar nur wenige, aber um so eifrigere Anhänger fand die „Neue Philosophie," wie man Baco's Lehre damals in England nannte. Aus dem Kreise dieser wenigen Männer, die sich zuerst in Oxford im Hause Wilkens, später in London zu versammeln pflegten, um Naturwissenschaften zu pflegen, erwuchs im Jahre 1660 die Royal Society. Wie Baco's Geist sogleich nach der Gründung der königlichen Gesellschaft belebend wirkte, entnehmen wir der geistreichen Schilderung Macaulay's: „In wenigen Monaten wurde die Erfahrungswissenschaft allgemein Modesache. Die Transfusion des Blutes, die Wägung der Luft, die Fixation des Quecksilbers nahm in dem öffentlichen Bewusstsein die Stelle ein, die noch kurz vorher die Streitigkeiten über die Rota eingenommen hatten. Träume über die beste Regierungsform machten Platz den Träumen über Schwingen, auf welchen man vom Tower nach der Abtei fliegen könnte, und über doppeltgekielte Schiffe, die im heftigsten Sturme nicht untergehen würden. Alle Schichten der Nation wurden von der vorherrschenden Stimmung fortgerissen. Cavaliere und Rundköpfe, Anhänger der Staatskirche und Puritaner waren auf einmal geeinigt. Priester, Juristen, Staatsmänner, Vornehme und Prinzen erhöhten den Triumpf der Baconischen Philosophie. Dichter besangen mit Begeisterung das Herannahen des goldenen Zeitalters. Cowley, reich an Gedanken und glänzend an Geist, drängte in Versen das erwählte Volk, Besitz zu nehmen vom verheissenen Land, wo Milch und Honig flössen, welches ihr grosser Befreier und Gesetzgeber von Pisgah herab gesehen hätte, das zu betreten ihm aber nicht gestattet war.*) Dryden, mit mehr Eifer als Einsicht, verband seine Stimme mit der der allgemeinen Zustimmung und prophezeite Dinge, die weder er noch jemand anderer begriff. Die königliche Gesellschaft, sagte er voraus, würde uns bald an den äussersten Rand der Erdkugel führen und uns hier mit einer besseren Ansicht des Mondes entzücken. Zwei fähige und ehrgeizige Prälaten, Ward, Bischof von Salisbury und Wilkins, Bischof von Chester, ragten unter den Führern der Bewegung hervor. Ihre Geschichte wurde auf beredte Weise von einem jüngeren Geistlichen geschrieben, Namens Thomas Sprat, der zu hohen Würden in seinem Stande gelangte und nachmals Bischof von Rochester wurde. Sowohl der oberste Richter Hale als der Lordsiegelbewahrer Guildford stahlen sich von ihrer Beschäftigung in den Gerichtshöfen die Zeit ab, um über Hydrostatik zu schreiben. In der That wurde auch unter der unmittelbaren Leitung Guilford's das erste Barometer, welches in London zum Verkaufe ausgestellt wurde, construirt. Die Chemie theilte für einige Zeit mit dem Weine und der Liebe, der Bühne und dem Spieltische, mit den Intriguen des Höflings und des Demagogen, die Aufmerksamkeit des launischen Buckingham. Rupert hat den Ruhm, das Mezzotinto erfunden zu haben, nach ihm ist jene merkwürdige Blase benannt, welche lange die Kinder erfreute und die Philosophen in Erstaunen setzte. Karl selbst hatte ein Laboratorium zu Whitehall und dort war er viel thätiger und aufmerksamer als am Tische des geheimen Rathes. Es war fast notwendig, um sich das Ansehen eines vornehmen Herrn zu geben, über Luftpumpen und Teleskope wenigstens etwas reden zu können, und selbst vornehme Frauen hielten es dann und wann für angemessen, einen Geschmack für Naturwissenschaft zu affectiren, kamen mit sechsspännigen Kutschen an, um die Merkwürdigkeiten von Grasham zu sehen, und brachen in einen Schrei des Entzückens aus, als sie fanden, dass ein Magnet wirklich eine Nadel anziehe, und dass ein Mikroskop eine Fliege so gross mache, wie einen Sperling. . . . . . „Der Geist Francis Baco's war wieder erstanden, ein Geist wunderbarer Kühnheit und Nüchternheit."

Es ist bereits erwähnt worden, wie durch den Begründer des modernen Realismus, durch Baco, der Begründer der altgriechischen Atomistik, Demokrit, wieder zu Ehren gebracht wurde. Und schon wenige Jahre nach Baco wurde die altgriechische Atomistik wirklich die Grundlage der modernen

---

*) Cowley's Ode to the Royal Society.

Naturforschung. Der Impuls ging von Frankreich aus. Pierre Gassendi*) erneuert die Naturlehre Epikurs, welche von einigen unwesentlichen Änderungen abgesehen, die Atomistik Demokrits ist. Dass Gassendi, dem bei seiner gründlichen Kenntniss des griechischen Altertums alle Systeme bekannt waren, gerade auf Epikur zurückgriff, war den Zeitverhältnissen sehr angemessen, weil des vielgeschmähten Epikur Lehre im schroffsten Gegensatze zu der aristotelischen stand. Gassendi musste jedoch die Lehre Epikurs diesen Zeitverhältnissen gemäss umbilden, denn sich zu Epikur einfach zu bekennen, schien selbst im 17. Jahrhundert noch bedenklich. Die Umbildung macht sich gleich bei der Auffassung der Atome bemerkbar. Das materielle Princip der Dinge sind zwar die der Substanz nach gleichen, der Gestalt nach mannigfaltigen Atome. Die Materie ist mit Rücksicht auf ihre kleinsten Bestandtheile unerzeugbar und unzerstörbar, da diese kleinsten Bestandtheile ein beharrliches Substrat der Materie sind. Die Form der Körper ändert sich jedoch mit der Änderung der Lagerung der Atome. Diese und auch die übrigen Erörterungen über die Unmöglichkeit einer Theilung der Materie ins Unendliche, über den leeren Raum, die Bewegung der Atome u. s. w. stimmen mit der alten Atomistik ganz überein. Die Schwere der Atome fasst er jedoch auf als die innere Fähigkeit der Bewegung in den Atomen, eine Fähigkeit, die von Anbeginn an den Atomen von Gott verliehen worden ist. Die Atome sind nämlich nicht ursprünglich, sondern Gott schuf sie, damit sie die Samen aller Dinge würden. Die erste Ursache von Allem ist Gott. Weiterhin hilft sich jedoch Gassendi in ähnlicher Weise wie dies Anaxagoras gethan hat. Im ferneren Verlauf der Naturerklärung spielt nämlich das göttliche Wesen keine Rolle mehr, hier handelt es sich nur um secundäre Ursachen, die nothwendig körperlich sein mussten. Von den sichtbaren Dingen wird immer eines vom anderen bewegt, und nur die Atome sind das sich selbst bewegende Princip. Es ist wieder die reine alte Mechanik des Stosses ohne jegliche Möglichkeit einer Fernwirkung. Selbst die Attraction der Erde, die das Fallen der Körper bewirkt, ist keine „actio in distans," denn wenn nicht etwas von der Erde zu dem herabfallenden

---

*) Pierre Gassendi wurde 1592 bei Digne in der Provence geboren. Obwohl Sohn armer Landleute, erwarb er dennoch eine seltene wissenschaftliche Bildung und bei einer ungewöhnlich raschen Entwicklung wurde er bereits im 16. Lebensjahre Lehrer der Rhetorik und im 19. Jahre Professor der Philosophie in Aix. Er stieg hierauf rasch zur Würde eines Domherrn und Probstes von Digne. Im Jahre 1646 finden wir ihn als Professor der Mathematik in Paris, wo er selbst berühmte Gelehrte zu seinen Hörern zählt. Eine Brustkrankheit zwang ihn bald, Paris zu verlassen und das südliche Klima von Digne aufzusuchen. Er starb im Jahre 1655 kurze Zeit nach einer abermaligen Rückkehr nach Paris. Frühzeitig trat er gegen die Lehre des Aristoteles auf. Bereits in Aix 1624 verfasste er „Exercitationum paradoxicarum adversus Aristotelcos libri." Gegen Descartes schrieb er die „Disquisitiones Anticartesianae 1643. Die Philosophie Epikur's erläutert er in den Schriften: De vita, moribus et doctrina Epicuri 1647, Animadversiones in Diog. Laër. de vita et philosophia Epicuri 1649, Syntagma philos. Epicuri 1655. Auch schrieb er Werke über Astronomie und eine Reihe schöner Biographien.

Stein käme, was ihn festhielte und der Erde zuführte, würde er selbst sich um die Erde gar nicht kümmern.

Eine ähnliche Connivenz gegen den Glauben zeigt Gassendi auch in der Beurtheilung der drei Anschauungen über den Bau des Weltgebäudes. Das ptolemäische System sei entschieden unrichtig, das copernicanische entspreche der Wirklichkeit am besten und sei zugleich das einfachste, man müsse aber trotzdem das tychonische System als wahr annehmen, weil die Bibel ganz deutlich der Sonne Bewegung zuschreibe.

Eine eigentümliche Stellung zur Atomistik nimmt ein berühmter Zeitgenosse und Landsmann Gassendi's ein, nämlich Descartes.*) Auch er huldigt in der Naturbetrachtung dem reinen Mechanismus und führt alle Erscheinungen, die körperlichen wie die psychischen, auf mechanische Processe zurück, und doch weicht er schon theilweise von der reinen und strengen Atomistik ab, welche unverändert anzunehmen ihm religiöse Bedenken nicht gestatten. Doch steht seine Theorie der Materie trotz ihres dynamischen Anstriches der Atomistik ziemlich nahe. Bei der Erforschung der Natur handelt es sich ihm nur um das Auffinden der causae efficientes, der rein wirkenden Ursachen. Die Zweckursachen (causae finales) haben hierbei nichts zu bedeuten. Alle Erscheinungen in der Natur sind Bewegungsphänomene und die ursprüngliche allgemeine Bewegungsursache ist Gott, der der Materie Bewegung verliehen hat. Die Naturerscheinungen, sowohl die organischen als auch die anorganischen kommen zu Stande durch den Anstoss anderer Körper und der Körpertheilchen, durch Übertragung der Bewegung von einem Körper zum anderen, von einem Körpertheilchen zum anderen. Das Quantum der Bewegung bleibt wie das der Materie im Weltall constant. Auch die Bewegung des menschlichen Körpers und die Sinneswarnehmungen kommen auf mechanischem Wege zu Stande. Die Lebensgeister, die Descartes annimmt, werden ganz materiell gedacht und wirken ganz so wie die Seelen-

---

*) René Descartes (Renatus Cartesius), geboren 1596 zu Lahaye in Touraine, erhielt seine Jugendbildung in der Schule der Jesuiten zu Lafléche in Anjou, studierte dann Mathematik in Paris, diente als Soldat unter dem Prinzen Wilhelm von Oranien, unter Tilly und Bourquoi und nahm auch an der Schlacht am weissen Berge bei Prag 1620 Theil. Dann begab er sich auf Reisen, und lebte hierauf in den Niederlanden mit der Ausarbeitung seines philos. Systems beschäftigt. Er folgte 1649 der Aufforderung der Königin von Schweden nach Stockholm, wo er der Königin Unterricht gab, starb aber daselbst schon 1650 in Folge des rauhen Klimas, eben als er mit den Vorarbeiten zur Gründung einer Akademie der Wissenschaften beschäftigt war. Descartes ist als Philosoph, Mathematiker und Physiker bedeutend. Er ist der Begründer der analytischen Geometrie; er führte die Bezeichnung der Potenzen durch Exponenten ein. Auch bezüglich des Wesens des Lichtes und der Entstehung des Weltgebäudes stimmen seine Ansichten mit der später entwickelten Undulationstheorie und der Kant-Laplace'schen Theorie auffallend überein. Von seinen Schriften sind die hauptsächlichsten: Discours de la méthode, pour bien conduire sa raison et chercher la verité dans les sciences, Meditationes de prima philosophia, das systematische Hauptwerk „Principia philosophiae," Dioptrique, Météores, Géométrie u. s. w.

atome Demokrits, indem sie nach mechanischen Gesetzen Bewegung und
Empfindung hervorbringen. Es sei ein Irrthum zu glauben, dass die Seele
dem Körper Bewegung und Wärme verleihe, und der Tod habe nicht in der
Abwesenheit der Seele aus dem Körper seine Ursache, sondern in der Zerstörung des körperlichen Mechanismus. Es ist nun begreiflich, wie selbst
de la Mettrie, der bekannte Verfasser des „l'homme machine," sich auf
Descartes berufen und behaupten konnte, dieser habe nur aus Furcht vor
der Kirche auch eine immaterielle Seele angenommen.

Diese Befangenheit durch die Zeitverhältnisse hat allem Anscheine nach
Descartes bestimmt, in der Theorie der Materie den reinen Atomismus zu
verwerfen. Die Atome mögen wol in Wirklichkeit durch die Kunst des Menschen nicht weiter theilbar sein, ihre Untheilbarkeit begrifflich zu behaupten,
sei aber nicht möglich, da man doch annehmen müsse, dass für Gott die
Atome theilbar seien. Die Materie habe zwar keine inneren Kräfte, denn
ihr komme nur die Ausdehnung und die Modi der Ausdehnung zu, wo aber
Raum ist, muss auch Materie sein, und weil der Raum ins Unendliche theilbar gedacht werden muss, so kann auch die Materie als ins Unendliche
theilbar vorgestellt werden. Mit der Verwerfung der Atome hätte aber Descartes die Anschaulichkeit, welche diese der Erklärung der Naturerscheinungen verleihen, eingebüsst und so hilft er sich mit der Annahme kleiner
runder Massentheilchen, deren weitere Theilbarkeit wenigstens begrifflich feststeht, die aber zum Behufe der Naturerklärung ebenso als unveränderlich und
deshalb untheilbar aufgefasst werden müssen, wie die Atome selbst. Um
aber andererseits das Princip der völligen Raumerfüllung zu wahren, nimmt
er ferner an, dass die Zwischenräume zwischen den Massentheilchen ausgefüllt
seien von äusserst kleinen und feinen Splitterchen, welche sich bei der ursprünglichen Abrundung jener runden Massentheilchen abgerieben haben.

Aus dem doppelten Streben Descartes, einerseits die Vorzüge der Atomistik für die Erklärung der Naturerscheinungen nicht preiszugeben, andererseits gegen die kirchlich approbierten Anschauungen nicht zu verstossen,
erwuchs dessen Corpusculartheorie, die freilich anfänglich einen Gegensatz
zur reinen Atomistik bildete. Späteren Umbildungen beider Theorien war
es vorbehalten, sie mit einander zu versöhnen, indem die Corpusculartheorie
zur Moleculartheorie ausgebildet wurde, die im Verein mit der Atomistik
unserer gegenwärtigen Anschauung von der Materie zu Grunde liegt.

Ein eifriger Anhänger der Corpusculartheorie Descartes, zugleich aber
auch Freund Gassendi's war Hobbes*) welcher zum Theil in ähnlicher Weise

---

*) Thomas Hobbes, Sohn eines Landgeistlichen, wurde 1588 zu Malmesbury geboren. Nachdem er in Oxford aristotelische Logik und Physik studiert hatte, wurde er
Gesellschafter und Erzieher des Sohnes des Lord Cavendish, nachmaligen Grafen
von Devonshire. Er bereiste wiederholt Frankreich und Italien. In Paris verkehrte
er viel mit Gassendi. Sein Tod erfolgte zu Hardwicke 1679, nachdem der 91 Jahre
alte Greis im letzten Lebensjahre noch eine Cyclometrie verfasst hatte. Seine
Schriften sind: On human nature, de corpore politico, Elementa philosophiae de
cive, Leviathan or the matter form and authority of government.

über Baco hinausgeht, wie einst Protagoras über Demokrit. Er identificiert die Begriffe Körper und Substanz. Durch beide Begriffe werde etwas bezeichnet, was unabhängig von unserem Denken einen begrenzten Raum erfüllt. Die Art, wie der Körper aufgefasst wird, ist sein Accidens. Bleibende Accidentien der Körper sind nur Ausdehnung und Begrenzung. Alle übrigen können sich ändern, während der Körper selbst bleibt und diese Veränderungen sind nur Änderungen der Art und Weise der menschlichen Auffassung eines Körpers. Selbst die Materie ist weder einer von den Körpern noch ein ganz besonderer Körper ausser allen anderen, sie ist der blose Name für den allgemein gefassten Körper, eine Abstraction, die der Denkende vollzieht. Das bei aller Veränderung Bleibende ist nicht die Materie, sondern der Körper, dessen Accidentien sich ändern. Das Objective, diesem Wechsel der Accidentien zu Grunde Liegende, ist die Bewegung des Körpers oder der Theile desselben. Durch die Bewegung bringt der Körper in unseren Sinneswerkzeugen eine veränderte Empfindung hervor.

Consequent denkend, konnte Hobbes kein Atomist sein. Wo es sich nur um blosse Erklärung oder Veranschaulichung einer Naturerscheinung handelt und die theoretische Frage nach der Theilbarkeit stillschweigend übergangen wird, mag wol einstweilen nach Hobbes' Ansicht das kleine Massentheilchen als unveränderliches Atom gelten. Doch in Wirklichkeit gibt es in der Welt der materiellen Theilchen unzählige Abstufungen der Grösse der materiellen Theilchen. Somit erscheint die Kategorie der Relativität auch auf die Begriffe Gross und Klein angewendet und demgemäss auch der Atombegriff relativiert. Trotz des sensualistischen Anstriches bleibt Hobbes aber auf materialistischem Boden stehen, die menschlichen Empfindungen sind nichts anderes als reine Bewegungen körperlicher Theile, wie überhaupt alle realen Processe Bewegung der physischen Körper und deren Theile sind. Was ein anderes bewegen soll, muss selbst in Bewegung sein, wenigstens dessen kleine Theilchen, und die Bewegung kann sich von einem Körper zu einem anderen nur durch materielle Medien fortpflanzen. Eine „actio in distans" gibt es nicht. Somit steht Hobbes ganz auf demselben Standpunkt der mechanischen Weltauffassung wie Demokrit. Interessant ist schliesslich noch die Definition, die Hobbes für den Begriff Philosophie gibt. Sie ist „die Erkenntniss der Wirkungen (als Phänomene) aus angenommenen Ursachen derselben und auch umgekehrt die Erkenntniss der möglichen Ursachen aus deren erkannten Wirkungen." Diese Definition macht die Philosophie kurzweg zur Naturwissenschaft, und diesselbe errang in England eine so allgemeine Annahme, dass daselbst die natural philosophy und Naturwissenschaft bis jetzt gleichbedeutend sind.

In den bisherigen Betrachtungen haben wir einer Frage, die auch im Alterthume zu den ersten und wichtigsten gehörte, vorwiegend die Aufmerksamkeit geschenkt. Es ist dies die Frage nach dem Wesen und der Constitution der Materie. Und es ist gerade diese Frage, bezüglich welcher die moderne Forschung mit der altgriechischen im engsten historischen Zusammenhange steht. Gassendi greift mittelbar durch Epikur auf Demokrit zurück. Descartes und Hobbes sind theoretisch gegen den reinen Begriff des Atoms, den sie aus der erneuerten altgriechischen Lehre kennen lernen, der erstere aus religiösen Gründen, der letztere in Folge seiner Relativierung der Begriffe im Allgemeinen. Beide lassen aber den Atombegriff als das unveränderliche Substrat der Naturerscheinung bestehen, soweit es sich um die blosse Erklärung und Veranschaulichung der Phänomene handelt. Aus den Ansichten dieser Forscher erwächst nun langsam bei fortwährender Läuterung der Anschauungen durch erweiterte wissenschaftliche Erfahrung die gegenwärtige Ansicht über die Materie.

Einen bedeutenden Einfluss übte auf die weitere Entwicklung dieser Frage die Begründung einer neuen selbstständigen Disciplin, der Chemie. Bis ins 17. Jahrhundert hinein war von einer selbstständigen wissenschaftlichen Richtung in der Chemie nicht viel zu merken. Sie ist jene naturwissenschaftliche Disciplin, welche sich zuletzt von dem mystischen Beigeschmack und von der aristotelischen Tradition losmacht. Erst Robert Boyle*) ruft dem Suchen nach dem Stein der Weisen ein Halt entgegen und erklärt den vier aristotelischen und den drei scholastischen Elementen einen erfolgreichen Krieg. Sein Auftreten wird mit Recht als ein „Wendepunkt in der Geschichte der Chemie" bezeichnet.

Boyle nennt in seinen Werken oft Epikur, und rühmt die Folgerichtigkeit und seiner Klarheit Forschung. Er gesteht, dass er aus keinem Werke der Gegner der aristotelischen Lehre so viel gelernt habe als aus dem kleinen, aber inhaltsreichen Schriftchen Gassendi's „Syntagma philosophiae Epicuri." Trotz aller Werthschätzung Epikurs verwahrt er sich aber gegen die atheistischen Folgerungen aus dem System desselben und widerspricht entschieden der von Epikur aufgenommenen empedokleischen Lehre von der Ableitung des Zweckmässigen aus dem nicht Zweckmässigen. Die Welt ist ihm viel-

---

*) Robert Boyle, Sohn des Grafen von Cork, Richard Boyle, wurde 1626 zu Youghall in der irischen Grafschaft Munster geboren. Er genoss eine vortreffliche Erziehung und begab sich, noch ziemlich jung, auf Reisen, um seine Bildung zu vervollständigen. Er bereiste Frankreich, die Schweiz und Italien, musste aber in das Vaterland zurückkehren, da die Vermögensverhältnisse seines Vaters in Folge der politischen Wirren arg gelitten hatten. Er traf seinen Vater nicht mehr am Leben und musste sich für längere Zeit zurückziehen, bis sich seine Lage soweit besserte, dass er sich nunmehr ohne Sorgen der Wissenschaft widmen konnte. Er liess sich 1654 in Oxford nieder und gehörte daselbst jenem Kreise von Gelehrten an, aus welchem später die Royal Society hervorging. Im Jahre 1668 übersiedelte er nach London und wurde 1680 als eifrigstes und thätigstes Mitglied der königlichen Gesellschaft deren Präsident. Er starb im Jahre 1691. Boyle's Leistungen sind nicht nur in der Chemie hervorragend, sondern auch in der Physik. Er stellte Versuche über das Verhältniss der Farben zur Wärme, über den Magnetismus und die Elektricität an; ihm verdanken wir die Grundlegung der Hydrostatik und die Entdeckung des bekannten allgemein nach Mariotte benannten Gesetzes. Von seinen zahlreichen Schriften erwähnen wir: Chemista scepticus; Tentamina quaedam physiologica; Apparatus ad historiam naturalem sanguinis; Experimenta et considerationes de coloribus u. s. w.

mehr ein sinnreich geordneter Mechanismus, vergleichbar der kunstvollen Uhr des Strassburger Münsters. Und wie diese auf einen vernünftigen Urheber hinweist, so lehre uns auch die Welt die Existenz eines vernünftigen Schöpfers kennen. Obzwar Gott der Urheber der Welt ist, so müsse doch bei der wissenschaftlichen Erforschung der Natur das mechanische Prinzip einzig und allein das masgebende sein.

Was das Wesen der Materie anbelangt, steht Boyle der Auffassung Gassendi's näher als der Descartes'. Allen Körpern liegt wol nur eine und dieselbe undurchdringliche Materie zu Grunde, so dass die letzten discreten und schweren Theilchen derselben, die Atome, alle substanciell gleich sind, sich aber von einander durch Gestalt und Grösse, Ruhe und Bewegung und ihre gegenseitige Lage unterscheiden. Freilich ist die Bewegung kein wesentliches Merkmal der Materie, und dieselbe bleibt unverändert, ob sie ruht oder sich bewegt. Zwischen den kleinsten Theilchen der Atome befindet sich der leere Raum. Indem die Atome in einer dauernden hastigen Bewegung begriffen sind, lagern sie sich an einander und geben zuerst die „massulae minutae," welche die sichtbaren Körper zusammensetzen. Die Gestalt der an einander haftenden Atome ist Ursache des höheren und geringeren Grades der Innigkeit ihrer Verbindung. Dringen neue Atome in die Poren einer Verbindung ein, die vermöge der Beschaffenheit ihrer Oberfläche leichter an der einen Art der in der Verbindung vorhandenen Atome haften als die früher mit diesen verbunden gewesenen, so werden die früheren aus der Verbindung verdrängt und es entsteht eine neue Verbindung. Die kleinsten Theilchen der Materie sind also bei Boyle noch ganz die verschieden gestalteten Atome Demokrits, die vermöge ihrer Oberflächenbeschaffenheit bei dem „motus quacunque causa ortus" an einander haften bleiben und sich wieder losreissen. Und auch darin stimmt Boyle mit Demokrit überein, dass die Verschiedenheit der letzten Elemente der Materie Ursache der verschiedenen Eindrücke der Körper auf die Sinnesorgane sei. Nur bezüglich der Ursache der Bewegung der Atome weicht Boyle von der altgriechischen Atomistik ab, indem er statt der ewigen und ursachlosen Fallbewegung die directe Einwirkung Gottes auf die Atome setzt.

Doch abgesehen von den Anschauungen über die Urbestandtheile der Materie hebt Boyle die Notwendigkeit hervor, diejenigen Körper, welche aus den verschiedenen Körpern durch chemische Processe abgeschieden werden können und weiter für die Chemie nicht zerlegbar sind, als einfache Körper oder chemische Elemente aufzufassen. Die Zahl dieser Grundstoffe lasse sich a priori nicht feststellen. Die Erfahrung sei diesbezüglich einzig massgebend.

Dieser Gedanke stimmt mit der gegenwärtig gangbaren Grundanschauung der Chemie principiell ganz überein. Auch die verschiedenen Grade der chemischen Verbindungen hat Boyle bereits berücksichtigt. Die Verbindung zweier Elemente nennt er mista prima oder primaria, die aus diesen letzteren bestehende mista secundaria u. s. f. und hat diese

Begriffe so klar erfasst, dass er sogar die wichtige Frage untersuchen konnte, ob sich auch Verbindungen verschiedenen Grades mit einander verbinden können.

Boyle hielt somit in Übereinstimmung mit der altgriechischen Atomistik an der Mechanik des Stosses der Atome fest. Die Begriffe „coalition," „associate" und dgl. beziehen sich bei ihm immer auf den Zusammenhang durch blose Berührung, das Wort „Affinität" gebraucht er in seinen späteren Werken, nachdem er mit der epikureischen Physik bekannt geworden ist, gar nicht mehr. Der Gebrauch der Begriffe Attraction und Affinität in der Bedeutung einer fernwirkenden Kraft wird ihm demnach mit Unrecht zugeschrieben.*) Diese Bedeutung der erwähnten Begriffe entwickelte sich erst aus Newtons**) Gravitationstheorie und zwar im Gegensatze zu Newtons eigener Überzeugung.

Der atomistischen Physik der damaligen Zeit lagen zwei wichtige Fragen vor. Wie sind die Kepplerischen Gesetze der Planetenbewegung vom Standpunkte der Atomistik zu erklären? Wie lassen sich die von Galilei aufgestellten Gesetze des freien Falles aus dem anschaulichen mechanischen Principe des Stosses der Atome begreifen?

Schon aus dem Alterthume her war die Ansicht bekannt, dass der Mond auf die Erde fallen müsste, wenn ihn nicht die Kraft des Umschwunges

---

*) Von K. Kopp in dessen Geschichte der Chemie II. S. 307.

**) Isaak Newton wurde 1642 in Woolsthorpe, einem Dörfchen in Lincolnshire geboren. Als Knabe zeigte er Neigung und grosse Fertigkeit in mechanischen Arbeiten. Im 18. Lebensjahre wurde es ihm durch Unterstützung, die ihm Verwandte zu Theil werden liessen, möglich, das Trinity College zu Cambridge zu beziehen, wo sich sein bewundernngswürdiges mathematisches Talent rasch zur vollen Blüthe entfaltete. Schon 1661 erfand er die Fluxionsrechnung, von welcher er sogleich bei seinen Arbeiten Anwendung machte, ohne jedoch früher mit dieser Entdeckung vor die Oeffentlichkeit zu treten, bis ihm 20 Jahre später Leibnitz das Prioritätsrecht zu rauben drohte. Im Jahre 1666 soll er bereits, im Garten sitzend, fallende Äpfel beobachtet und über die Schwere nachgedacht, sowie aus dem Umstande, dass die Schwere in allen bekannten Erhebungen über der Erde ihre Wirkung äussert, gefolgert haben, dass diese Kraft in den Weltraum hinausreiche und den Lauf des Mondes beeinflusse. Seine Anschauungen über Gravitation hielt er viele Jahre geheim, weil die Resultate der Rechnungen mit der Wirklichkeit u. z. mit der Bewegung des Mondes nicht übereinstimmten. Erst als 1670 die Gradmessung Picard's zeigte, dass man die Erde bisher zu klein angenommen hatte, konnte er Correcturen vornehmen und die nöthige Genauigkeit erzielen. Die Resultate aller seiner Forschungen über die Gravitation sammt allen an diesen Begriff sich knüpfenden Fragen mathematischer, physikalischer und philosophischer Art legte er in seinem bewunderungswerthen Hauptwerke „Naturalis philosophiae principia mathematica" (London 1687) nieder. Im Jahre 1696 wurde Newton Professor der Mathematik an der Universität zu Cambridge, ein Jahr später Vorstand der königlichen Münze in London mit dem Jahresgehalte von 15000 Pfund Sterling. Doch schon früher verfiel er aus Kränkung über den Verlust eines Theiles seiner Manuscripte, in eine Krankheit, die auf seine Geistesthätigkeiten nachtheilig einwirkte. Er gab zwar noch 1704 sein „Treatise of Optic" heraus, neigte aber immer mehr zu mystischen Speculationen hin, deren Frucht die „Annotationes in vaticinia Danielis Habacuci et Apocalypseos" 1719 war. Er starb 1727.

daran hindern würde. Überdies hat die Atomistik von jeher als einzige Ursache aller Erscheinungen, sowol der kosmischen als auch der terrestrischen, die Bewegung der Atome angesehen und deshalb die Ursache aller Erscheinungen für wesensgleich gehalten. Die Ursache, die den Mond zur Erde bewegen würde, wenn der Umschwung nicht wäre, musste daher als wesensgleich erscheinen mit der, welche einen Stein im Falle zur Erde bewegt. Newton hat die Identität der Ursache der gegenseitigen Anziehung der Himmelskörper und der Ursache des freien Falles irdischer Körper klar erfasst. Die Schwere irdischer Körper wurde von nun an als ein Specialfall der allgemeinen Gravitation angesehen, und Newton selbst setzt vorerst ganz allgemein irgend ein Princip der Annäherung voraus, das zwischen den Himmelskörpern wirksam ist, und zwar ein solches, welches umgekehrt wie das Quadrat der Entfernung wächst, ohne sich um die physikalische Natur dieses Principes weiter zu kümmern. Die materielle Ursache der Anziehung sollte vorläufig ganz unerforscht bleiben, da es sich rein um eine mathematische Erforschung der Gesetze der Gravitation handelte. Galilei und Huyghens hatten die Zusammensetzung der Bewegungsrichtungen und der Kräfte bereits so weit entwickelt, das nun Newton aus der Zusammensetzung der Fallbewegung des Mondes zur Erde in Folge des erwähnten noch unbestimmten Anziehungsprincipes und der geradlinigen Bewegung in tangentialer Richtung die Bahn des Mondes erhalten konnte. Auch lag ferner der Gedanke nahe, dass die Wirkung des Ganzen auf demselben Principe beruhen müsse, wie die Wirkung der Theile. Wenn die Himmelskörper und die irdischen Körper sich anziehen, so müssen sich auch die kleinsten Theile dieser Körper, die Atome, anziehen. Hiermit war der erste Grundgedanke der molecularen Physik gegeben.

Es handelte sich aber, wie bereits erwähnt, auch um die Erklärung der Massenanziehung vom Standpunkte der Atomistik. Nachdem Hobbes den Atombegriff relativiert hatte, fieng man an die ganze Atomenwelt in zwei Gruppen zu theilen, in die ponderablen Atome und in die Aetheratome. Die ersteren sind der Gravitation und den übrigen Gesetzen der Bewegung und des Stosses unterworfen, die letzteren unterliegen jedoch der Gravitation nicht. Sie sollen nun durch ihren Stoss Ursache der Gravitation sein. Dies war die am meisten gangbare Ansicht, seitdem bereits Descartes die Schwere aus dem Stosse aetherischer Körperchen abgeleitet hatte. Niemand dachte vor Newton an eine Kraft, die von einem Massentheilchen zum anderen ohne jegliche materielle Vermittlung durch den leeren Raum hindurch ihre Wirkung äussern könne. Für die an die Anschaulichkeit der Atomistik des Stosses und Zuges der Atome gewöhnten Physiker der alten Schule war es geradezu unbegreiflich, wie die Materie dort wirksam sein sollte, wo sie nicht ist, nämlich im leeren Raume. Newton selbst hat sich, wie erwähnt wurde, um die physikalische Natur des angenommenen Annäherungsprincipes (der Centripetalkraft) bei deren mathematischen Ableitung der Gesetze nicht kümmern müssen. Er bemerkt, dass die Anziehungen, wenn man sich der Sprache der Physik bedienen wolle, vielleicht richtiger Impulse (Anstösse) genannt werden müssten. Freilich erwähnt Newton selbst einiger Hypothesen zur Erklärung der Gravitation. Er führt einen feinen Stoff, spiritus an, durch dessen Wirkung möglicherweise die Gravitation hervorgebracht werde, denkt andererseits auch an den möglichen Eingriff einer unkörperlichen Ursache; doch dies alles geschieht nur in der Absicht, um die allgemeine Giltigkeit der mathematischen Deduction zu erweisen, die durch keine Hypothese über die physikalische Ursache der Gravitation beeinträchtigt werden kann. Im Jahre 1687 schliesst er einen Brief an Boyle mit den Worten: „Ich suche im Aether die Ursache der Gravitation," und im Jahre 1717, neun Jahre vor seinem Tode, tritt er in der Vorrede zur zweiten Auflage seiner Optik offen denjenigen entgegen, die ihm die Erfindung der „Grundkraft der Materie" zuschrieben. In einem Briefe an Bentley (1693) stellt Newton die Annahme einer fernwirkenden Kraft als so absurd dar, dass kein philosophisch denkender Kopf darauf verfallen könnte. In einem Briefe an Halley gab er seine Ansicht von dem Umschwunge des Aethers und der geringeren Dichtigkeit desselben zwischen den ponderablen Atomen wieder auf, ohne die letzte Ursache der Gravitation zu finden. Es blieb bei seinem „hypotheses non fingo." Huyghens, der in seiner Abhandlung über das Licht offen erklärt, dass in der wahren Philosophie alle Erscheinungen „per rationes mechanicas" zu erklären seien, hält es schon vor jener Erklärung Newtons vom Jahre 1717 für unglaublich, dass Newton die Schwere für eine wesentliche Eigenschaft der Materie ansehen könnte.

Die Neuerungen in der Atomistik bis zu Newtons Zeiten waren genau genommen nicht bedeutend. Zwar erlitt die Untheilbarkeit der Atome, wie wir sahen, durch Descartes und Hobbes einen theoretischen Stoss, aber practisch liess man die Unveränderlichkeit der Atome unangetastet, um die Anschaulichkeit der Erklärung zu wahren. Erst Newton's Gravitationsgesetze waren die Ursache einer Neuerung, welche den Bruch mit der bisherigen Mechanik des Stosses der Atome bedeutet. Die Physik kümmert sich weiterhin nicht viel um die materielle Grundlage der Anziehungsphänomene und setzt die mathematische Formulierung der Naturgesetze unter Voraussetzung einer fernwirkenden Kraft an die Stelle. Der Mathematiker Cotes, welcher 1713 die zweite Auflage des Newton'schen Hauptwerkes besorgte, erhebt die Schwere zu einer wesentlichen Eigenschaft der Materie. Diese Ansicht wurde nach und nach allgemein angenommen.

Schüchtern wagt sich gleichzeitig in der Chemie der Begriff Affinität, der seit Gassendi aus der Wissenschaft verbannt zu sein schien, wieder hervor. Boyle hat ihn in seinen Erstlingsschriften noch angewendet, nachdem er aber durch Gassendi die epikureische Atomistik kennen gelernt hatte, vermied er ihn sorgfältig. Newton selbst wollte die Identität der chemischen Affinität mit der allgemeinen Schwere nicht zugeben, weil er vermuthete, dass die Abhängigkeit der Intensität von der Entfernung bei der ersteren

Kraft durch ein anderes Gesetz mathematisch ausgedrückt werden müsste, als bei der letzteren. Wie sehr man noch zu Newton's Zeiten dem Begriffe „Affinität" als einer neuen „vis occulta" aus dem Wege zu gehen trachtete, zeigt St. F. Geoffroy*) der stets das Wort „rapport" statt Affinität gebraucht. Ganz nahe einer „vis occulta" steht die Affinität bei Boerhave**), der den Atomen eine Liebe oder Freundschaft zu einander und ein Streben nach Verbindung zuschreibt. Doch beruhe dieser Trieb nicht auf Gleichheit (Verwandtschaft), sondern auf Ungleichheit der Atome. Seit Boerhave ist der Begriff chemische Verwandtschaft in der Chemie wieder eingebürgert, wenn auch nicht in der alten Bedeutung einer Wesensähnlichkeit, sondern eines Triebes zur Verbindung, kurz einer gegenseitigen Anziehung. Diese hält aber schon Buffon***) im Gegensatz zu Newton für identisch mit der allgemeinen Schwere. Die verschiedenen Grade der Affinität führt er auf die verschiedene Gestalt der Atome zurück, die, je nach der Gestalt ihrer Schwerpunkte sich einander mehr oder weniger nähern können. Die Identität der Affinität und Schwere behauptet auch Bergmann†), glaubt jedoch, dass die erstere nach anderen Gesetzen wirke als die letztere wegen der verschiedenen Gestalt der Atome und ihrer verschiedenen Stellung. Auch Kirwan††) und Guyton de Morveau†††) stimmen mit Buffon überein. Nach Berthollet¹) ist die Affinität zwar nur ein Specialfall der allgemeinen Schwere, doch äussere sie sich auf eine andere Weise, weil sie auf Atome und nicht auf Massen wirke. Bei der letzteren kommen noch verschiedene andere Momente physikalischer Natur in Betracht, wie Gestalt des Körpers, Cohäsion, Expansionsbestreben u. s. w.

Sobald aber die Atome durch Attractionskräfte verbunden erscheinen, wurde die verschiedene Gestaltung der Oberfläche der Atome, vermöge welcher sie an einander haften bleiben, und der gegenseitige Stoss der Atome ganz überflüssig. Das Princip der Wirkung in die Ferne ohne materielle Vermittlung musste aber consequenterweise auch auf die Aetheratome Anwendung finden und auch diese durften jetzt ihre abstossende Wirkung ohne

---

*) Stephan Franz Geoffroy, geb. 1672 zu Paris, Professor der Chemie am Jardin des plantes, später am Collège royal, starb 1731.
**) Boerhave, geboren 1668, Professor der Medicin, Botanik und Chemie in Leyden, starb 1788.
***) Georges Louis Leclerc Graf Buffon, geboren 1707 zu Montbar in Burgund, Intendant des Jardin des plantes, Verfasser des Riesenwerkes „Histoire naturelle", wurde von Ludwig XV. in den Grafenstand erhoben. Er starb 1788.
†) Torbern Bergmann, geboren 1735 zu Katharinaberg in Westgothland, Professor der Chemie in Upsala, starb 1784.
††) Richard Kirwan, geb. 1750 in Irland, Präsident der Royal Irish Academy, starb 1812.
†††) Louis Bernard Graton de Morveau, 1713 zu Dijon geboren, zuerst Generaladvocat in seiner Vaterstadt, dann Professor und Direktor der École polytechnique in Paris von Napoleon zum Baron erhoben, starb 1816.
¹) Claude Louis Bertholet, 1748 in Savoyen geboren, Professor der Chemie an der École polytechnique, Begleiter Napoleons nach Aegypten, von ihm in den Grafenstand erhoben, starb 1822.

Stoss und Berührung durch den leeren Raum üben. So bereitet sich schnell eine neue Theorie der Materie vor, und zwar jene, die gegen Ende des 18. Jahrhundertes durch Dalton*) zur Herrschaft gelangte.

Durch Dalton wurde der alte Begriff des Atoms als eines letzten unbedingt untheilbaren Theilchens der Materie wiederhergestellt. Dalton war freilich ganz und gar ein experimentierender Naturforscher, der sich die weitere Frage, ob die Untheilbarkeit der Atome auch theoretisch denkbar sei oder nicht, gar nicht vorlegte. Er brauchte zur Erklärung der chemischen Erscheinungen untheilbare und unveränderliche materielle Körperchen und setzte einfach dieselben als gegeben voraus. Diese Atome haben nach Dalton in einem chemisch einfachen Körper gleiche Grösse und gleiches Gewicht. Es liegt die Vermutung nahe, dass diese Ansicht Daltons durch Vermittlung des Baron von Holbach sich auf Anaxagoras, als ihren Urheber zurückführen lasse.**) Ob die Atome in verschiedenen chemischen Elementen verschiedene Gestalt haben oder nicht, lässt Dalton unentschieden. Diejenige Bestimmung des chemaligen Atombegriffes, welche früher für die Bildung der Atomverbindungen die wichtigste war, nämlich die besondere Gestalt, büsst nunmehr ihre Bedeutung ganz ein, da die Atome nicht mehr durch die Berührung und Ineinandergreifen an einander haften bleiben, sondern durch die Wirkung der Attraction. Die Atome sind nach Dalton verbunden durch eine Anziehungskraft, welche Attraction der Cohäsion heisst, insofern sie die Trennung der Theilchen eines Körpers verhindert, dagegen Attraction der Aggregation oder Affinität, sofern sie dieselben aus dem zerstreuten Zustande sammelt. Doch ist sie eine und dieselbe Kraft, mag sie unter welchem Namen immer auftreten. Ausser dieser Kraft der Attraction gibt es noch eine allgemein, so weit sich die Materie findet, wirkende Kraft, nämlich die der Repulsion, welche Dalton der Wärme zuschreibt. Jedes Atom ist eingehüllt in eine Hülle oder Sphäre eines sehr feinen Würmestoffes und dieser ist es, welcher die Atome in einer bestimmten Entfernung von einander hält und die Berührung hindert. Zum Begriffe des einen physischen Körper constituierenden Atomes gehören von nun an zwei Dinge, das kleinste nicht mehr theilbare Quantum

---

*) John Dalton, geboren 1766 zu Eaglesfield in Cumberland, trat schon im dreizehnten Lebensjahre in seinem Geburtsorte als Lehrer auf. Später übernahm er eine Privatanstalt in Kendal und begann daselbst die ersten selbstständigen Untersuchungen. 1793 übernahm er eine Lehrstelle für Mathematik und Naturwissenschaften am Collegium zu Manchester und blieb daselbst auch, nachdem das Collegium wegverlegt wurde. Bald verbreiteten seine Entdeckungen seinen Ruf über ganz England und über den Continent. Gelehrte Gesellschaften beeilten sich, ihn zum Mitglied zu ernennen. Universitäten übersendeten ihm Doctorsdiplome. Eine öffentliche Stellung hat Dalton nicht bekleidet. Von Manchester aus bereiste er die grösseren englischen Städte, um öffentliche Vorlesungen über Chemie zu halten. Seine Arbeiten sind für die Physik und Chemie gleich wichtig. Ausser zahlreichen Abhandlungen in den Publicationen gelehrter Gesellschaften schrieb er: „A new System of Chemical Philosophy" in 3 Bänden. Dalton starb 1844.

**) Vgl. Weihrich, Ansichten der neueren Chemie, S. 7.

der wägbaren Materie und die Sphäre des imponderablen Wärmestoffes. Mit seiner Wärmesphäre zusammen bildet jedes Atom ein kugeliges Gebilde. Legen sich zwei oder mehrere verschiedenartige Atome durch Vermittlung ihrer Wärmesphären an einander, so entsteht ein Partikelchen eines chemisch zusammengesetzten Stoffes, welches ein **zusammengesetztes Atom** genannt werden kann, da es trotz seiner Zusammengesetztheit **in Bezug auf die entstandene chemische Verbindung** nicht getheilt werden darf, wenn diese Verbindung weiter bestehen soll. Chemische Zerlegungen sind Trennungen solcher zusammengesetzten Atome. In diesen sind aber die einfachen Atome weiter von einander entfernt, als in den aus gleichartigen Atomen bestehenden chemischen Elementen.

Durch Erfahrung belehrt, dass die in eine Verbindung eintretenden Gewichtsmengen der Elemente in sehr einfachen Zahlenverhältnissen stehen, sucht Dalton diese Erscheinung zu erklären und nimmt zu diesem Behufe an, dass in eine Verbindung nur sehr wenige Atome der sich verbindenden Elemente eintreten, meist nur je ein Atom von jedem Element oder zwei bis drei des einen und ein einziges des anderen. Hiermit war das **Gesetz der multiplen Verhältnisse** ausgesprochen. Für die Atome der verschiedenen Elemente nimmt er ferner ein verschiedenes Gewicht an und folgert, dass, wenn man im Stande wäre, das absolute Gewicht eines Atoms zu bestimmen, man auch das Gewicht eines bestimmten Quantums eines chemischen Elementes und umgekehrt aus diesem die Anzahl der Atome in ihm berechnen könnte. Dalton versucht nun, aus dem Verhältniss der in die Verbindung eintretenden Gewichtsmengen der Elemente das **relative Atomgewicht** zu bestimmen und entdeckt dabei auch das Gesetz, dass das Atomgewicht einer Verbindung gleich ist der Summe aus den Atomgewichten der elementaren Atome.

Dalton's Ansichten waren bei ihrer Klarheit und Anschaulichkeit sehr geeignet, sich allgemeine Annahme zu erwerben und die Atomistik in der Chemie endgiltig zu begründen. Aus diesen Anschauungen entwickelt sich durch Umbildung auf Grund neuer wissenschaftlicher Erfahrungen jegliche chemische Theorie der nachfolgenden Zeit bis zur Gegenwart. Eine solche Umbildung wurde schon bald, nachdem Dalton's Ansichten bekannt geworden waren, notwendig durch die Entdeckung **Gay-Lussac's** *), dass bei der Verbindung zweier Gase auch die in die Verbindung eintretenden Volumina derselben in einem sehr einfachen Zahlenverhältnisse zu einander stehen, und, wenn zwei Gase in mehrfachen Verhältnissen sich verbinden, dass auch die verschiedenen Volumina des einen, welche sich mit einem constanten Volumen des anderen verbinden, unter sich in einem einfachen Zahlenverhältnisse stehen, und dass ferner, wenn die Verbindung gasförmig ist, das Volumen der

---

*) Gay-Lussac, geb. 1778 zu St. Leonard in Obervienne, Professor der Chemie an der polytechnischen Schule, später der Physik an der Universität zu Paris. Seine zahlreichen Schriften erschienen in den Bulletin de la société philomatique, in den Annales de chymie und in den Schriften der Pariser Akademie. Er starb 1841.

Verbindung in einem einfachen Verhältnisse zu den Volumen der gasförmigen Elemente stehe.

Diese Entdeckungen haben die atomistische Theorie in der Chemie nicht nur neuerdings befestigt, sondern führten in Verbindung mit Gay-Lussac's Untersuchungen über die Abhängigkeit der Expansivkraft von der Temperatur auch zu der überaus wichtigen Folgerung, dass in gleichen Volumen gasförmiger Körper bei sonst gleichen Verhältnissen eine gleiche Zahl von Atomen enthalten sein müsse.

Inzwischen häuften sich Beobachtungen, welche auf einen innigen Zusammenhang zwischen Chemismus und Galvanismus immer eindringlicher hinwiesen. Abgesehen von den zahlreichen Vorarbeiten heben wir sogleich die erste zusammenhängende Theorie des Elektrochemismus hervor, welche die Aufmerksamkeit der Chemiker allgemein auf sich zog. Dieselbe wurde vom Humphry Davy*) aufgestellt und im Jahre 1806 publicirt. Nach Davy sind electrische und chemische Anziehung identisch, chemische Affinität und elektrische Erscheinung Modificationen einer und derselben Kraft. Wenn grössere Massen gewisser chemisch verwandter Körper mit einander in Berührung gebracht werden, so entstehe Elektricität, wirken hingegen die kleinsten Theilchen der Körper direct auf einander ein, so werde eine chemische Action möglich. Bei der Berührung chemisch verwandter Stoffe entwickle sich Elektricität, und mit jeder Steigerung der electrischen Spannung gehe eine Vermehrung der ihr wesensgleichen Affinität Hand in Hand, bis endlich die Cohäsion überwunden werde, worauf die kleinsten Theilchen der Materie sich aneinanderlagern, ihre entgegengesetzten Elektricitäten ausgleichen und eine chemische Verbindung eingehen können.

Diese Grundgedanken einer elektrochemischen Theorie erfuhren schon 1812 eine Abänderung durch Schweigger**). Die kleinsten Theilchen der Materie, von ihm Differentialien derselben genannt (welche jedoch von den Atomen zu unterscheiden sind) haben Krystallgestalt und so viele elektrische Pole, als Krystallecken an ihnen sind. Diametral entgegengesetzte Pole sind Träger entgegengesetzter Elektricitäten. Die chemische Affinität beruht auf der Anziehung entgegengesetzt elektrischer Pole der Differentialien der Elemente. Schweiggers Theorie wäre unstreitig zu grossem Ansehen gelangt, wäre bereits zu seiner Zeit die Werthigkeit der Atome bekannt gewesen. Die Zahl der krystallographischen Ecken seiner Differentialien böte einen sehr anschaulichen Erklärungsgrund der Valenz. Seine Theorie erlangte nur

---

*) Humphry Davy, geboren 1778 zu Penzance in Cornwallis, Professor der Chemie an der Royal Institution zu London, Präsident der Royal Society, starb auf der Rückreise nach England in Genf 1829. Seine wissenschaftlichen Arbeiten veröffentlichte er in Zeitschriften verschiedener gelehrter Gesellschaften. Von selbstständig erschienenen Werken sind hervorzuheben: Elements of chemical philosophy, 1810—1812, Elements of agricultural chemistry, 1813.

**) Johann Christoph Schweigger, geboren 1779 zu Erlangen, war Professor der Physik und Chemie zuerst an der Universität in seiner Vaterstadt, dann an der Universität zu Halle. Er ist Erfinder des Multiplicators zur Messung galvanischer Ströme.

dadurch eine Bedeutung, dass auch Berzelius*) die Annahme elektrischer Pole an den kleinsten Theilchen der Materie seiner bald allgemeines Ansehen erlangenden elektrochemischen Theorie zu Grunde legte. Berzelius nahm eine elektrische Polarität in den nur zwei Pole besitzenden Atomen aller Elemente und zwar in Übereinstimmung mit Schweigger in der Weise an, dass die entgegengesetzten Elektricitäten an den beiden Polen eines Atoms nicht in gleicher Menge vorhanden zu sein brauchen. So hatte nach Berzelius z. B. am Sauerstoffatom die negative, am Kalium die positive Elektricität das Übergewicht. Von dem Vorherrschen dieser oder jener Elektricität sei die Stellung des Elementes in der elektrischen Reihe abhängig. Indem sich nun die entgegengesetzt elektrischen Pole der Atome zweier Elemente in Folge der gegenseitigen Anziehung bis auf sehr kleine Distanzen nähern, tritt eine theilweise oder gänzliche Neutralisation der entgegengesetzten Elektricitäten mit gleichzeitiger Entwicklung von Wärme und Licht ein, wobei die chemische Verbindung zu Stande kommt. Somit wurde die chemische Affinität zu einer blossen Wirkung der elektrischen Polarität der Atome und **die Elektricität die Ursache aller chemischen Phänomene**. Diese Theorie war ganz im Sinne Daltons, und man kann sagen, dass es erst Berzelius gelang, durch überaus zahlreiche Experimente die Atomistik in der Chemie so zu festigen, dass ihr die Alleinherrschaft für immer blieb.

Seit Berzelius nahm auch die **organische Chemie** einen neuen und ungeahnten Aufschwung. Berzelius selbst suchte die Ansichten, die er sich über anorganische Verbindungen gebildet hatte, auch auf die organischen zu übertragen und die Identität der Gesetze für die Verbindungen beider Reihen festzustellen. Wie die anorganischen so sind auch die organischen Verbindungen binärer Natur, nur dass die näheren Bestandtheile bei jenen Elemente, bei diesen aber Atomencomplexe sind, die sich in vielen Beziehungen wie Atome verhalten, indem sie unverändert aus einer Verbindung in eine andere übergehen können. Diese näheren Bestandtheile organischer Verbindungen wurden vorerst **zusammengesetzte Radicale** genannt, und durch sie wurde die Erkenntniss der rationellen Zusammensetzung der organischen Verbindungen zuerst angebahnt. Im Jahre 1832 haben Wöhler**) und Liebig***) die Lehre von den zusammengesetzten Radicalen erweitert

---

*) **Jacob Berzelius**, 1779 zu Wäfnersunda in Ostgothland geboren, Professor an der medicinischen Schule, Sekretär und Präsident der Akademie der Wissenschaften zu Stockholm, 1835 für seine hervorragenden Verdienste in den Freiherrnstand erhoben, starb 1848.
) **Friedrich Wöhler, in Eschersheim bei Frankfurt a. M. 1800 geboren, Schüler Berzelius', seit 1836 Professor der Chemie in Göttingen.
***) **Justus Liebig**, 1803 zu Darmstadt geboren, studierte zuerst in Bonn und Erlangen. Da ihm jedoch Deutschland damals zu wenig Gelegenheit zur gründlichen Ausbildung in der Chemie bot, ging er nach Paris, wo er durch A. v. Humboldt Vermittlung in das sonst nicht leicht zugängliche Privatlaboratorium Gay-Lussac's Aufnahme fand. Im 21. Lebensjahre wurde er Professor der Chemie an der Universität Giessen, und begründete hier das erste Musterlaboratorium in Deutschland, wodurch er Giessen zum Centralpunkt des chemischen Studiums in Deutschland erhob. Seine grossen Verdienste um die Wissenschaft ehrten die meisten Akademien durch Aufnahme unter die Zahl ihrer Mitglieder, der Grossherzog von Hessen 1845 durch Erhebung in den Freiherrnstand. Seit 1852 wirkte Liebig als Prof. der Chemie in München.

und befestigt und schritten sogleich zu einer Generalisation, indem sie die anorganische Chemie als Lehre von den Elementen und die organische als die Lehre von den zusammengesetzten Radicalen definierten. Als aber später auch in der anorganischen Chemie Radicale eingeführt wurden, stellte sich dieser Eintheilungsgrund als hinfällig heraus. Dazu führte die von den französischen Chemikern aufgestellte Theorie der chemischen Typen und der Substitution. Der Begründer dieser Lehre, Dumas*), betrachtet die Classification der organischen Verbindungen nach den in ihnen vorhandenen zusammengesetzten Radicalen als unzweckmässig. Es empfehle sich hierzu vielmehr die allgemeine Ähnlichkeit, welche auf der gleichen Anzahl und dem gleichem Verhältniss der darin überhaupt enthaltenen Atome beruhe. Diese weiterhin von Laurent**) als Kerntheorie und von Gerhardt***) als Typhentheorie entwickelte Lehre ist eigentlich nur eine besondere Entwicklungsphase der Berzelischen Atomtheorie in eine fremdartige Form hauptsächlich dadurch gebracht, dass sie der elektrochemischen Anschauungsweise entkleidet erscheint. Ein chemischer Typus ist eigentlich nur eine Einheit (Atomencomplex) zur Vergleichung aller chemischen Verbindungen, welche einer ähnlichen Zersetzung fähig sind, wie sie, oder aus ähnlichen Zersetzungen hervorgehen.

Von noch grösserer Bedeutung für die Chemie war die Aufstellung des Substitutionsprincipes, wornach durch das Austreten eines oder mehrerer Atome der elementaren Bestandtheile einer Verbindung und das Eintreten einer entsprechenden Anzahl von Atomen eines anderen Elementes neue Verbindungen hervorgehen. Dieses Princip versprach mit Recht der Erkenntniss des Zusammenhanges der Verbindungen einen bedeutenden Vorschub zu leisten, zumal man der täglich mehr anschwellenden Fluth neuer chemischer Verbindungen rathlos gegenüberstand, als die elektrochemische Theorie zu wanken anfieng. Aber ein tieferes Verständniss des Wesens der chemischen Erscheinungen konnten die Typen und die Substitution erst dann gewähren, als man der Deutung dieser Erscheinungen den Molecularbegriff zu Grunde legte und diesen in vieler Beziehung an die Stelle der Atome treten liess. Man musste hier zurückgreifen auf eine Entdeckung, die bereits vor mehreren Jahrzehnten von dem italienischen Chemiker Avogadro gemacht worden ist, die aber einstweilen ohne jeden Einfluss auf die Entwicklung der Chemie blieb. Aus der Gleichmässigkeit des Verhaltens aller Gase

---
*) Jean Baptiste Dumas, 1800 zu Alois im Departement Gard geboren, Professor der Chemie an der Sorbonne, 1849 Minister für Ackerbau und Handel, nach dem Staatsstreiche Senator und Vicepräsident des Oberrathes des öffentlichen Unterrichtes.
**) August Laurent, 1807 in La Folie bei Laugres geboren, zuerst an der Ecole centrale des Arts et Manufactures als Lehrer beschäftigt, dann an der Münze zu Paris angestellt, wo er als Münzwardein 1853 starb.
***) Charles Frédéric Gerhardt, 1816 zu Strassburg geboren, studierte in Karlsruhe, Leipzig und unter Liebig in Giessen, lebte seit 1838 in Paris, seit 1855 Professor der Chemie an der Facultät der Wissenschaften zu Strassburg, wo er nach nur einjähriger Wirksamkeit starb.

gegen Temperaturänderung und Druck sowie bei den chemischen Prozessen schloss Avogadro, in ganz gleicher Weise wie dies bereits Gay-Lussac gethan, dass die Zahl der kleinsten Theilchen in einem gleichen Volumen verschiedener Gase bei sonst gleichen Verhältnissen gleich sein müsse. Diese Anschauung lasse sich aber nur dann widerspruchslos durchführen, wenn nicht nur für zusammengesetzte, sondern auch für einfache Gase kleine Massentheilchen (Molecüle) angenommen werden, die aus wenigstens zwei Atomen bestehen. Darauf hingewiesen zu haben ist Avogadros eigentliches Verdienst. Die kleinsten, wirklich frei existirenden Theilchen eines chemisch bestimmten Körpers wurden von jetzt ab die Molecüle, die kleinsten Theile der Materie überhaupt die Atome. Bei chemischen Processen, Trennungen und Verbindungen, treten die Atome für einen Moment selbstständig hervor, indem sie ihren Platz wechseln und zu neuen Molecülen sich gruppieren.

Ohne von Avogadro beeinflusst zu sein, hat wenige Jahre später Ampère eine ähnliche Theorie aufgestellt, ohne dass auch diese bei aller Autorität, die ihr Schöpfer genoss, zur Geltung gekommen wäre. Erst 1827 wurden diese Moleculartheorien von Dumas, 1832 von Gaudin und 1835 von Persoz wieder ans Licht gezogen.

Die ungeheuere Anhäufung von Thatsachen, besonders aus der organischen Chemie, gab gleichzeitig Anlass zu zahlreichen Hypothesen, die hier übergangen werden müssen, zumal sie nur ephemere Bedeutung hatten. Eine Zeit des Skepticismus trat in der Chemie ein, man fieng an, jedes Nachdenken über die Constitution der Materie bei Seite zu schieben und wollte nur mit den Thatsachen rechnen. Wie man sich die Elemente in den Verbindungen gruppiert denken solle, erschien den Chemikern als Sache der Übereinkunft und als ein Spiel der Phantasie, welches zum Begreifen der Thatsachen gar nichts frommen könne. Förmlich schien es, als ob den Chemikern das Verständniss für die Wichtigkeit einer guten Hypothese in der Wissenschaft abhanden gekommen wäre. Da tauchte ein rettender Begriff auf, der es der Chemie wieder möglich machte, sich einer neuen und fruchtbaren Theorie zu bedienen. Dies ist der Begriff der Werthigkeit der Atome.

Die Typentheorie und die Vergleichung der Volumtheile der sich verbindenden gasförmigen Elemente führte zu der überraschenden Entdeckung dass die Elemente sich in Gruppen bringen lassen, je nachdem ihre Atome sich nur mit einem, zwei, drei oder vier Atomen eines anderen Grundstoffes (Wasserstoffes) zu verbinden im Stande sind, um mit diesen ein Molecül eines chemisch zusammengesetzten Stoffes zu geben. Man erhielt so ein-, zwei-, drei- und vierwerthige (hypothetisch auch fünf- und sechswerthige) Atome und damit gleichzeitig eine Richtschnur für die Substitutionen bei Änderung der chemischen Verbindung. Diese Theorie hat sich in einer so glänzenden Weise bewährt, dass es möglich wurde, sogar auf rein deductivem Wege bloss aus theoretischen Gründen die Existenz noch nicht bekannt gewordener chemischer Verbindungen vorauszusagen, um sie erst nachträglich durch mühsames Experimentieren wirklich darzustellen. So hat Kolbe nach den Grundsätzen der Substitution auf Grund der Quantivalenz der Atome die Existenz und das chemische Verhalten noch nicht entdeckter Verbindungen festgestellt, die bald darauf auch dargestellt wurden.

Schon früher haben aber die Beobachtungen über Isomorphismus und Isomerie darauf hingedeutet, dass die Eigenschaften zusammengesetzter Körper nicht bloss von der Anzahl und der Qualität der in ihnen vorhandenen Atome abhängig seien, sondern auch von der Lagerung der Atome. Von nun an wurde die Lagerung der Atome in den Molecülen der wichtigste Anhaltspunkt für die Erklärung der beobachteten Verschiedenheit der Verbindungen. Wir sehen hier einen Sieg der alten Atomistik, in welcher, wie bekannt, die Lagerung der Atome in den Atomverkettungen eine so wichtige Rolle spielte. Aber noch einen zweiten grossen Sieg erficht die altgriechische Atomistik durch die eigenthümliche Gestaltung der chemischen Theorie. Man sucht selbstverständlich nach einer anschaulichen Erklärung der Quantivalenz der Atome, und auch in dieser Hinsicht tauchten mancherlei Hypothesen auf. Man fieng wieder an vom Haften der Atome an einander und dgl. zu sprechen, und Kekulé sucht die Werthigkeit aus der relativen Zahl der Stösse, welche ein Atom in der Zeiteinheit von anderen Atomen erfährt, zu erklären. Wenn auch diese Erklärung bis jetzt keinen allgemeinen Anklang gefunden hat, so ist sie für uns aus einem doppelten Grunde sehr bemerkenswert. Einerseits bringt sie nämlich die alte Theorie des Stosses der Atome wieder zu Ehren, andererseits begegnen sich in diesem Punkte Chemie und Physik, die seit längerer Zeit in der Auffassung des Atombegriffes gesonderte Wege gewandelt sind. Auch in der Physik hat nämlich in letzter Zeit der Stoss der Atome durch die Wärmetheorie eine grosse Bedeutung errungen.

In gleicher Weise wie die Chemie ist auch die Physik im 17. Jahrhundert durch die Erneuerung der altgriechischen Atomistik in ihre neuere Entwicklungsphase getreten. Anfangs war aber die chemische Forschung mit der physikalischen unzertrennlich verbunden. Die Atomistik war ihr eigentliches Band. Boyle, Dalton, Gay-Lussac haben um die Physik nicht geringere Verdienste als um die Chemie. Erst unter dem Eindrucke der Newton'schen Gravitationslehre fingen die Physiker und Chemiker an ihr Gebiet separat zu bearbeiten und den Atombegriff nach ihren gesonderten Bedürfnissen umzugestalten. Dem Physiker handelte es sich mehr um die mathematische Fassung und Ableitung des Naturgesetzes, ohne dass ihn eine anschauliche Erklärung der materiellen Grundlage der Erscheinung weiter interessiert hätte. Deshalb musste der Atombegriff nach und nach Formen annehmen, die ihn der mathematischen Behandlung zugänglicher machten. Der Chemiker wiederum bemühte sich, den Atombegriff so zu fassen, wie es die Erklärung

---

*) Über die Möglichkeit aber auch Bedenklichkeit einer deductiven Methode in der Chemie vgl. Lothar Mayr, die modernen Theorien der Chemie 2. Aufl.

der sich immer mehrenden Zahl neuer Thatsachen erforderte. Man muss gestehen, dass die Chemie in dieser Beziehung den Thatsachen mehr Rechnung getragen hat als die Physik, die der Mathematik zu Liebe alle wesentlichen Merkmale des Atombegriffes aufgab, so dass von ihm schliesslich nichts übrig zu bleiben schien, als der blosse mathematische Punkt. Bereits im Jahre 1740 lehrte Boscovich*), dass aus dem Stosse der Atome sich Widersprüche ergeben, die nur dadurch behoben werden können, dass Repulsionswirkungen angenommen werden, welche von ausdehnungslosen und nur räumlich bestimmten Elementen ausgehen. So kam der Begriff eines ausdehnungslosen Atomes auf. Als die fernwirkenden Kräfte nach und nach in der Physik allgemein Eingang fanden, musste selbstverständlich das Atom als der eigentliche Träger dieser Kräfte aufgefasst werden, und für diese Auffassung war es ganz gleichgiltig, ob der Träger ausgedehnt sei oder nicht. Die Ausgedehntheit liess man als überflüssig fallen, und gerade dadurch wurde der Atombegriff für die mathematische Analysis gefügiger. Nach Gay-Lussac's Ansicht ist das Atom für die Physik dasselbe, was das **unendlich Kleine für die Mathematik**. Ampère**) und Cauchy***) betrachten das Atom als völlig ausdehnungslos, und **Faraday als ein einfaches Kraftcentrum**.

Als aber bald nach dem Erscheinen Young's†) und Fresnel's††) bahnbrechender Arbeiten über das Wesen des Lichtes die Theorie der Schwingungen der Atome (ursprünglich freilich nur der Aetheratome) immer mehr Bedeutung gewann, stellte sich die Notwendigkeit heraus, für die Schwin-

---

*) Roger Josef Boscovich, geboren 1711 zu Ragusa, trat in den Jesuitenorden und wurde 1740 Professor der Mathematik und Philosophie am Collegium Romanum, hielt sich später in Pavia und Mailand auf und brachte endlich viele Jahre auf Reisen durch fast ganz Europa zu. Nach der Auflösung seines Ordens wurde er „Directeur optical de la marine" in Paris, machte sich daselbst durch Forschungen über achromatische Fernröhre verdient, musste aber in Folge von Streitigkeiten, hauptsächlich mit d'Alembert, seine Stellung aufgeben. Er zog nach Mailand, wo er 1787 im Wahnsinn starb.

**) André Maria Ampère, 1775 zu Lyon geboren, trieb bereits im 12. Lebensjahre höhere Analysis, wurde Professor in Bourg, dann in Lyon, 1809 an der polytechnischen Schule und 1824 am Collège de France. Er starb 1836. Besonders hervorragend sind seine Leistungen auf dem Gebiete der Electricität und des Magnetismus.

***) Cauchy, geb. 1789 zu Paris, veröffentlichte erst 16 Jahre alt eine Schrift über Wellenbewegung, wurde 1816 Mitglied der Akademie und Professor an der polytechnischen Schule. Nach der Julirevolution verliess er Frankreich und lebte längere Zeit in Prag. Nach seiner Rückkehr wurde er 1848 Professor der mathematischen Astronomie an der Universität zu Paris, legte die Stelle nach dem Staatsstreiche nieder und starb 1857.

†) Thomas Young, geboren 1773 zu Milverton in Somersetshire, war zuerst Fellow zu Cambridge, dann practischer Arzt in London und endlich Professor der Naturwissenschaften an der Royal Institution, starb 1829.

††) August Jean Fresnel, 1788 zu Broglie bei Vernay geboren, Ingenieur in der Vaudée, gewann 1819 den Preis der Akademie für seine Untersuchungen über die Diffraction des Lichtes, wurde 1823 Mitglied der Akademie, starb 1827.

gungen der Atome in verschiedenen Richtungen einen verschiedenen Elasticitätsgrad anzunehmen. Bereits Cauchy hat dieser Notwendigkeit Rechnung getragen, indem er sich zu der Annahme gedrängt fühlte, in verschiedenen Richtungen um die punctuellen Atome herum verschiedene Elasticitätsgrade anzunehmen. Redtenbacher*) stellt ein Dynamidensystem mit Elasticitätsaxen auf, durch welches Dalton's Anschauungen in der Hauptsache erneuert werden. Die Dynamiden sind ausgedehnte, schwere Atome mit einer Hülle, welche Sitz der abstossenden Kräfte ist. Diese Sphäre besteht jedoch nicht wie bei Dalton aus einem continuirlichen feinen Wärmefluidum, sondern aus discreten Aetheratomen, die im Vergleich mit dem Centralatom der Dynamide verschwindend klein sind. Bei diesem Dualismus der Atome, durch welchen die Relativität der Grössenverhältnisse hindurchschaut, stehen zu bleiben, war nicht leicht möglich. Die Relativität des Grössenbegriffes überträgt sich leicht auch auf den Begriff der Theilbarkeit. Soll das Centralatom untheilbar gedacht werden, oder ist es vielleicht ein Aggregat von Aetheratomen?

Die Schwierigkeit verschwand, als die Aetheratome durch die mechanische Wärmetheorie überflüssig zu werden anfiengen. Die Ansicht, dass die Wärme eine Art von Bewegung ist, ergab sich hauptsächlich aus der Thatsache, dass sich das vorhandene Wärmequantum in demselben Masse vermindert, als Arbeit geleistet wird und umgekehrt gerade so sich vermehrt, als Arbeit verbraucht wird, ohne in einer anderen Form nachweisbar zu sein. Da nun Wärme verschwindet, wenn sie Arbeit leistet, kann sie kein Stoff, sondern muss Bewegung sein. Diese unsichtbere moleculare Bewegung, die wir gegenwärtig Wärme nennen, kann nun innerhalb des erwärmten Körpers einen doppelten Effect hervorbringen. Durch einen Theil der Wärme wird nämlich die Bewegung der Molecüle des Körpers vermehrt, durch einen anderen Theil die Trennung der Molecüle von einander bewirkt, demnach der Cohäsion entgegengearbeitet. Jener Theil wird Wärmeinhalt des Körpers, dieser Werkinhalt (Veränderung der Disgregation) genannt. Doch geht der Werkinhalt der Wärme nicht blos auf Trennung der Molecüle, sondern er bringt auch eine Vergrösserung des Zwischenraumes zwischen den Atomen der Molecüle hervor, bis diese in ihre Atome zerlegt werden. Es ist nun sehr wahrscheinlich, dass durch sehr hohe Temperaturgrade die meisten chemisch zusammengesetzten Körper zerlegt werden. Die Trennung der chemischen Verbindungen ist demnach ebenso eine Arbeitsleistung der Wärme wie die Überwindung der Cohäsion. In einem starren Körper ist der Impuls der Wärme noch zu schwach, um die Attraction der Molecüle zu überwinden. Die Molecüle können ihre relative Lage nur innerhalb ganz enger Grenzen ändern. Im flüssigen Zustande wird die Bewegung der Molecüle energischer, sie überwindet die Attraction je zweier benachbarten Theilchen, ist aber noch nicht stark genug, um die Attraction der

---

*) Jakob Ferdinand Redtenbacher, geboren 1809 zu Steyer, seit 1841 Professor und zuletzt Direktor der polytechnischen Schule zu Karlsruhe, starb 1863.

gesammten Masse zu überwinden. Erst im gasförmigen Zustande ist auch letzteres der Fall, und die Molecüle der Gase werden frei beweglich. Sie bewegen sich mit grosser Geschwindigkeit **geradlinig durcheinander**, und die **lebendige Kraft dieser Bewegung ist der Temperatur proportional.** Es ist gerade der gasförmige Zustand der Körper, welcher durch diese Theorie am durchsichtigsten geworden ist, und von welchem aus die Forschung weiter vorzudringen versucht. Und in der Theorie des vollkommenen gasförmigen Zustandes ist die **alte Mechanik des Stosses** wieder zur vollen Geltung gekommen. Die Attraction der materiellen Theilchen und alle übrigen Molecularkräfte, die in verschwindend kleinen Distanzen wirksam sind, müssen als verschwindend gering angesehen werden gegenüber der überaus raschen geradlinigen Wärmebewegung, deren gewaltige Geschwindigkeit bereits mit ziemlicher Sicherheit bestimmt werden konnte. So könnte z. B. ein Lufttheilchen bei einer Temperatur von 0^0 in einer Secunde einen Weg von 485^m zurücklegen, wenn es nicht durch die feine Zertheilung der Luft daran gehindert würde. Denn dadurch kommt es, dass ein Molecül jeden Moment einem anderen begegnet und infolge der fortwährenden Zusammenstösse nur im Zickzack vorwärts kommt. Man hat aus diesen Thatsachen den mittleren Weg zwischen je zwei Stössen berechnet, ebenso die Zahl der Zusammenstösse der Molecüle in einer Secunde und sogar den Durchmesser und das absolute Gewicht der Molecüle. Wie rationell die Methoden dieser Bestimmungen sind, geht daraus hervor, dass sich aus den diesbezüglichen Formeln auch die Grösse des Wärmeleitungsvermögens der betreffenden Körper ableiten liess, welche durch das Experiment vollständig bestätigt worden ist. Auf Grund aller dieser Resultate konnte man auch annähernd die Zahl der Molecüle in einem Kubikmillimeter angeben. Das Ergebniss der streng mathematischen Ableitung ergab für die atmosphärische Luft die riesige Zahl von 866 Billionen.

So dringt der menschliche Geist immer tiefer und tiefer in das Reich des unsichtbar Kleinen ein und könnte sich nach diesen wahrhaft grossartigen Triumphen der Forschung leicht dem Glauben hingeben, dass die Theorie, die zu solch' glänzenden Resultaten geführt hat, als eine unanfechtbare Wahrheit angesehen werden dürfe.

Gegen einen solchen Glauben erheben sich vorerst einige Bedenken, die aber leicht zu verscheuchen sind. Die **kinetische Atomistik**, welche der **modernen Gastheorie** zu Grunde liegt, setzt die Gesetze des Stosses **elastischer Körper** voraus. Schon die Atomisten des Alterthums mögen bei ihrer Lehre von dem Stosse der Atome von der Anschauung des Stosses elastischer Körper ausgegangen sein, doch war ihnen das Wesen und die Wirkung elastischer Körper im Gegensatz zu der der unelastischen noch ganz in Dunkel gehüllt. Als man aber zu der Erkenntniss gelangte, dass die Elasticität nur bei einer Verschiebung der Theile eines Körpers möglich sei, da konnte auch das Atom nur unter der Bedingung den Gesetzen des elastischen Stosses genügen, wenn es selbst aus Theilen, die gegen einander verschiebbar sind, zusammengesetzt ist. Und doch sollen weder die Atome der ältesten noch die der neuesten Atomistik ihrem Begriffe nach discrete Theile besitzen.

Hier wird offenbar vorschnell der Begriff der Elasticität in den Begriff des Atoms hineingelegt, während doch jener erst aus diesem zu erklären ist, denn wol geht es an, aus der Bewegung der Atome die Elasticität der Körper zu begreifen, aber nicht aus der Elasticität der Körper auf die gleiche Eigenschaft der Atome zu schliessen. Vergleicht man den Stoss der Atome mit dem elastischer Körper, so ergiebt sich nur die Ähnlichkeit, dass bei beiden bloss Massenbewegung und sonst keine andere Arbeit geleistet wird, keineswegs aber, dass die Atome sich wie elastische Körper verhalten müssen.

Auf einer ähnlichen Verwechslung des Erklärungsgrundes mit der zu erklärenden Erscheinung beruht der Einwurf, dass durch die Atome keine Eigenschaft der Körper erklärt werden könne, die nicht den Atomen selbst beigelegt werde. Hat doch schon Demokrit gelehrt, dass eben aus dem Zusammenwirken von Atomen Eigenschaften der Körper sich ergeben und erklärt werden können, die den Atomen selbst nicht zukommen. Wäre diese Erklärung aus dem Wesen der Atome nicht möglich, welche Bedeutung hätte denn die Atomistik überhaupt?

Was schliesslich die Vorliebe der mathematisch geschulten Physiker für die kleinsten Volumtheile (Volumelemente) anbelangt, welche nicht discret und verschiedenartig, wie die Atome, sondern continuirlich und gleichartig sind, so ist wol nicht zu verkennen, dass sich die Volumtheile für die mathematische Behandlung besser eignen, als Atome. Ob aber die Volumelemente dieselben Dienste für eine anschauliche Erklärung der Naturerscheinungen werden leisten können wie die Atome, muss einstweilen wenigstens unentschieden bleiben, bis hiefür die Theorie der Volumelemente selbst den Beweis erbracht haben wird. Übrigens mag gleich hier bemerkt werden, dass die Naturwissenschaft mit dem unendlichen Vorrath der Köperatome allein gegenwärtig nicht im Stande ist, ein vollständiges Bild der Natur zu entwerfen. Der Naturforscher darf dort, wo überhaupt nichts Reales vorhanden ist, auch kein Geschehen voraussetzen. Es gibt aber Räume, in denen absolut keine gravitierende Materie nachweisbar ist. Solche relativ leeren Räume lassen sich künstlich im Kleinen darstellen und existieren auch in der Natur in gewaltigen Dimensionen zwischen den Himmelskörpern. Wären diese Räume absolut leer, so könnten sie nicht der Schauplatz mannigfaltiger Licht- und Wärmephänomene sein. Da aber solche Erscheinungen in den Himmelsräumen wirklich nachweisbar sind, wird die Naturwissenschaft zu der Annahme gezwungen, dass diese Räume und auch die Zwischenräume zwischen den Theilchen aller sinnlich warnehmbaren Körper vom Aether erfüllt sind, dessen discrete Theilchen im Vergleich zu den Körperatomen verschwindend klein und der Schwere nicht unterworfen sind. Ob im Aether nur Atome einer Art oder ob auch hier, wie bei den gravitierenden Atomen verschiedene Arten anzunehmen sind, darüber giebt es nur Vermuthungen. Ebenso ist es nur eine blosse Vermuthung, mag sie auch von namhaften Forschern ausgesprochen worden sein, dass die körperbildenden Atome nur Conglomerate von Aetheratomen seien. Diese Ansicht befriedigt zwar den dem Menschen angeborenen Drang nach Einheit, die Wissenschaft darf jedoch ohne zwingende Gründe die Zahl der Hypothesen nicht vermehren, und zwingende Gründe sind noch immer nicht in hinreichender Zahl vorhanden, obzwar sie gerade in der neuesten Zeit eine Vermehrung erfahren haben. Vor wenigen Monaten hat der berühmte Spectralanalytiker Norman Lokyer die Frage nach der Zerlegbarkeit der Elemente, eigentlich der Atome derselben, wieder angeregt.

Bisher waren es die Versuche einer Classification der Elemente und besonders die Ähnlichkeit bestimmter Elementgruppen mit organischen Verbindungsgruppen, überhaupt die Ähnlichkeit der Elemente mit anerkannten Verbindungen, welche die Vermuthung aufkommen liessen, dass die Elemente weiter zerlegbar sein müssen. Lokyer hingegen stützt seine Hypothese nicht auf chemische, sondern auf spectralanalytische Thatsachen.*) Er fand, dass das Dampfspectrum selbst des reinsten Elementes nicht nur die diesem eigenthümliche Linie zeigt, sondern auch andere, die demnach von Elementen herrühren müssen, welche als Bestandtheile des untersuchten Elementes durch chemische Mittel bisher nicht nachweisbar sind. Ferner wies er die Thatsache nach, dass die Spectrallinien eines Elementes unter geänderten Verhältnissen, insbesondere bei verschiedener Temperatur, verschieden an Glanz, Breite und Länge erscheinen, so dass durch Abänderung der Verhältnisse sogar die Anfangs sichtbaren Linien verschwinden und neue vorher unsichtbare auftreten. Die Mehrheit der Spectrallinien eines Elementes und die Variabilität des Spectrum selbst sucht Lokyer durch die Annahme zu erklären, die Atome der Elemente seien aus vielen Unteratomen zusammengesetzt, welche in dem grossen Atom zu Gruppen geordnet seien, deren jede die Ursache einer bestimmten Spectrallinie sei. So könne ein Eisenatom einzelne Gruppen von Unteratomen enthalten, die eigentlich dem Uranatom eigentümlich sind, und deshalb werden das Eisen- und das Uranspectrum einige Linien gemeinsam haben. Solche Gruppen von Unteratomen in den chemischen Atomen können sich aber unter veränderten Verhältnissen z. B. bei höheren Temperaturgraden auflösen und neue Gruppen bilden, welche neue Linien zeigen. Indem schliesslich die Gruppen innerhalb eines recht complicirten grossen Atoms nach und nach in ganz neue und einfachere übergehen, kann das grosse Atom in ein oder mehrere einfachere Atome eines anderen Elementes übergehen.

Die letzten Unteratome könnte man nun leicht den Aetheratomen gleichsetzen, und so wäre der Drang nach Einheit befriedigt. Man erhielte so die Stufenleiter: Aetheratome, Gruppen der Aetheratome (als Atome zweiter

---

*) Vgl. Nature Nr. 479 und 480.

Ordnung), unsere gegenwärtigen Atome (als Atome dritter Ordnung), Molecüle und sichtbare Körper. Der unermessliche Weltraum wäre ein uferloses Aethermeer, in welchem an einzelnen Punkten die Aetheratome sich zu Gruppen zusammengeballt und die Bausteine für die Weltkörper geliefert haben. Freilich müssen wir einstweilen unentschieden lassen, ob die durch Lokyer aufgedeckten Thatsachen die bisherigen Ansichten über die chemischen Elemente und die Atome umzugestalten im Stande sein werden, oder ob nicht vielleicht die Spectralanalyse diesen Thatsachen gemäss wird reformiert werden müssen.

Doch angenommen, dass sich die Auflösung unserer gegenwärtigen Atome in Unteratome wirklich als nothwendig erweisen sollte, die Atomistik würde dadurch nicht den geringsten Schaden leiden. Dann übernehmen eben diese Unteratome die Rolle der letzten untheilbaren Bestandtheile der Materie und Democrits genialer Grundgedanke wäre gerettet. Für wie lange? Bis zwingende Gründe abermals die Zerlegung in weitere Elementarbestandtheile notwendig machen würden. Doch denke man ja nicht, dass dies auf einen Regress in infinitum auslaufen müsse, es ist nur ein Regress in indefinitum, der durch das jeweilige Bedürfniss der Forschung bedingt ist, aber sogleich unterbrochen wird, sobald die durch ihn erreichten Elemente zur Erklärung der Phänomene hinreichen.

Was sollen wir noch der zahlreichen übrigen Versuche, den Atombegriff zu definieren, hier gedenken! Die Atome werden bald als durchdringliche Kinete, die durcheinander schwingen, aufgefasst, bald als blosse Kraftelemente der Richtung, geradlinige Bewegungsenergien, bald wieder als so unendlich grosse Gebilde, dass jedes alle übrigen umfasst u. s. w. Die meisten solchen Versuche haben in der Naturwissenschaft keine Bedeutung erlangt. Wer eine vollständige Geschichte des Atombegriffes zu schreiben unternimmt, findet Material für einen ganz stattlichen Band. Für unseren Zweck genügt es, wenn dargethan wird, dass sich die der modernen Naturwissenschaft — in erster Linie selbstverständlich der Chemie und Physik — zu Grunde liegende Atomistik Schritt für Schritt aus der vorsokratischen entwickelt hat, und dass die Forschung selbst bei der ungeahnten Erweiterung der wissenschaftlichen Erfahrung, bei dem so grossen Reichthum wissenschaftlicher Hilfsmittel, immer wieder auf den einfachen Grundgedanken der vorsokratischen Naturphilosophie zurückkommt. Des Begriffes eines letzten ausgedehnten und undurchdringlichen, unveränderlichen, weil untheilbaren und starren Elementes der Materie hat sich die exacte Naturforschung bisher nicht entledigen können, und all die vielversprechenden Versuche, eine dynamische Theorie der Materie zu begründen, haben in der Naturwissenschaft keinen Boden gefunden. Auch der bereits aufgegebene Stoss der Atome hat sich in neuerer Zeit wieder die Gunst der Physiker und theilweise auch schon der Chemiker erobert, die fernwirkenden Kräfte hingegen dürften sich immer mehr als das erweisen, was sie in Wirklichkeit sind, als echt scholastische qualitates occultae. Jedenfalls wäre es voreilig, die Möglichkeit zu leugnen, dass es jemals gelingen könnte, die vermeintlichen Wirkungen der fernwirkenden Kräfte in gleicher Weise, wie dies bereits in der Gastheorie geschehen ist, auch in den übrigen Theilen der Physik und in der Chemie auf den Stoss der Atome zurückzuführen. Stimmen doch schon jetzt die Physiker und Chemiker darin überein, dass der gasförmige Zustand der Materie, für welchen der Stoss der Atome so wichtig geworden ist, der verständlichste ist, und dass man von diesem ausgehen müsse, um die anderen Aggregationszustände zu erfassen.

Unter den physikalischen Axiomen der Gegenwart nennt man als den ersten den, dass alle Naturerscheinungen Bewegungsphänomene und alle Ursachen in der Natur Bewegungsursachen sind.*) Soll man da nicht zurückdenken an Heraklits Lehre von dem ewigen Flusse der Dinge, an die Mischung und Entmischung der Elemente bei Empedokles und Anaxagoras, an die Verbindung und Trennung der Atome bei Demokrit? Ja, dass die Wärme der nimmer rastende Pulsschlag der Natur, dass sie Bewegung sei, lehrte bereits Heraklit auch, und da es nach Demokrit nur Atome, deren Bewegung und den leeren Raum giebt, so müssen doch auch bei diesem die Wärmewirkungen nur Folge der Atombewegung sein. Streng genommen ist in der Gegenwart nur die Beziehung der Wärme zur Arbeit hinzugekommen. Der Grundgedanke „Wärme eine Bewegung" stammt aus dem Alterthume. Hört man endlich das Axiom von der Erhaltung der Materie, soll man da nicht zurückdenken an die eleatische Lehre von der Unveränderlichkeit des Seienden, von der Unmöglichkeit des Entstehens aus nichts und des Vergehens in ein Nichts, an die Ewigkeit der Elemente bei Empedokles, der Homöomerien bei Anaxagoras und der Atome bei Demokrit? Und auch das Princip der Erhaltung der Energie spielt bereits in der Weltanschauung des Heraklit eine überaus wichtige Rolle.

Es drängt sich nun die Frage auf, woher denn diese Übereinstimmung in den Grundprincipien der Naturauffassung stamme? Woher kommt es, dass die Grundgedanken, welche von den Naturphilosophen vor Sokrates aufgestellt und nach mehr denn zwei Jahrtausenden wieder ans Licht gezogen worden sind, das Fundament der modernen Naturforschung werden konnten, und nunmehr selbst bei der ungeahnten Erweiterung der wissenschaftlichen Erfahrung ihre Dienste bei Erklärung der Naturvorgänge so glänzend bewähren? Vorerst muss hier noch bemerkt werden, dass Büchner nur in einem sehr beschränkten Sinne Recht hat, wenn er den Unterschied zwischen der modernen und der altgriechischen Atomistik darin findet, dass die Atome der Gegenwart Entdeckungen der Naturforschung, die des Alterthums philosophische Kategorien oder Erfindungen sind. Die Atome der Gegenwart sind keine Entdeckung und neue Leistung der modernen Naturforschung. Sie sind einfach aus dem Alterthume in die neue Zeit übergegangen, und der historische Zusammenhang ist über jeden Zweifel erhaben. Die Leistung der modernen Naturforschung besteht nur darin, dass sie bemüht war, für die überkommenen Grundgedanken in der Erfahrung,

---

*) Vgl. Wundt, über die physikalischen Axiome.

durch Beobachtung und Experiment, die Begründung zu finden. Was man auf inductivem Wege fand, war als speculative Leistung bereits vorhanden. Trotz dieser Feuerprobe, welche die Grundprincipien der vorsokratischen Naturforschung zu bestehen hatten, haben sie jedoch bis jetzt ihren Character als „speculative Vorstellungen" nicht abgestreift. Das Atom der Gegenwart ist ebenso eine blose wissenschaftliche Hypothese zur Erklärung der Naturvorgänge, wie sie es auch zur Zeit Demokrits war.

Kehren wir nun zu der oben aufgeworfenen Frage zurück, wodurch denn die auffällige Übereinstimmung in den Grundprincipien der modernen Naturwissenschaft und der vorsokratischen Naturphilosophie verursacht worden sei. Der historische Zusammenhang und somit der directe Einfluss des Alterthums hat wol bewirkt, dass diese Principien der Ausgangspunkt und das Fundament der neuen Forschung geworden sind. Dass man aber auf inductivem, kritisch empirischem Wege zu denselben Resultaten gelangt ist, das dürfte sich nur auf Grund einer Untersuchung über die Möglichkeit und die Bedingungen der Naturerkenntniss erklären lassen. Uns möge hier die Bemerkung genügen, dass diese Übereinstimmung leicht begreiflich wird, wenn man annimmt, dass jene Grundanschauungen der Naturerklärung durch unsere eigene Sinnes- und Verstandesanlage bedingt sind, dass sie aus der Natur des denkenden Subjectes fliessen und somit nicht „willkürliche Erfindungen der Speculation," sondern unabweisliche, aus der Natur der menschlichen Erkenntnissfähigkeit sich ergebende Vorstellungen sind. Diese Frage verweist uns somit auf die Erkenntnisstheorie. Und es ist in dieser Hinsicht höchst bemerkenswert, dass gerade die hervorragendsten Naturforscher der Gegenwart, welche gern auch auf das Gebiet der Philosophie abschweifen, mit Vorliebe erkenntnisstheoretische Fragen berühren. Sehr bezeichnend ist Du Bois-Reymond's Ausspruch „... dass zuletzt aller Wissenschaft das Ziel gesteckt sein möge, nicht das Wesen der Dinge zu begreifen, sondern nur begreiflich zu machen, dass es nicht begreiflich ist. So hat sich schliesslich als Aufgabe der Mathematik herausgestellt, nicht den Kreis zu quadrieren, sondern zu zeigen, dass er nicht zu quadrieren sei, der Mechanik, nicht ein perpetuum mobile herzustellen, sondern die Fruchtlosigkeit dieser Bemühung darzuthun."

In den vorangehenden Blättern haben wir uns mit jener Frage beschäftigt, die von jeher dem die Natur erforschenden Menschengeiste als die erste galt, mit der Frage nach der Constitution der Materie. An der Schwelle der Geschichte der Naturerkenntniss begegnen wir bereits der noch gegenwärtig so eifrig besprochenen Frage nach der ἀρχὴ τοῦ παντός, welche damals bald als luftförmiges, bald als feueriges, bald als wässeriges Urelement bestimmt wurde. Die nächst wichtige Frage, welcher die griechischen Naturphilosophen ihre ganze geistige Kraft zu widmen pflegten, war die nach der Entstehung und dem Baue des Weltalls. Kosmologische

Fragen sind aber auch heute noch aus leicht begreiflichen Gründen die Lieblinge der Naturforscher. Wo immer sich eine Gelegenheit bietet, Specialforschungen der Physik und Chemie auf Kosmologie anzuwenden, geschieht es mit grosser Vorliebe. Spectralanalyse, mechanische Wärmetheorie, Electricitätslehre u. s. f. wetteifern, der Kosmologie ihre Dienste anzubieten, als sollte erst durch den Beitrag, den sie zur Lösung kosmologischer Probleme liefern, ihr eigentlicher Werth und ihre Bedeutung documentiert werden. Den vereinten Kräften der naturwissenschaftlichen Disciplinen ist es nun gelungen, eine Kosmologie zu schaffen, die trotz ihrer Lücken die grosse Summe der Erscheinungen in eine organische Verbindung bringt und, indem sie in grossen Zügen das Gefüge des Weltalls entwirft, den menschlichen Geist im hohen Grade zu befriedigen im Stande ist. Vergleicht man mit den gegenwärtigen kosmologischen Anschauungen die mitunter abenteuerlichen Ansichten der griechischen Naturphilosophen vor Sokrates, so z. B. die Lehre von der täglichen Neubildung der Sonne, von der Gegenerde u. s. w., da konnte es wieder auf den ersten Blick scheinen, als ob diese Lehren nur ein Capitel in der Geschichte der Verirrungen des menschlichen Geistes wären. Man übersieht aber hierbei wieder die Bedeutung der allmäligen Entwicklung und der allmäligen Läuterung wissenschaftlicher Anschauungen, man übersieht, dass sich die Wahrheit in den meisten Fällen aus dem Irrthum entwickelt, dass die Wahrheit einfacher als die ihr vorausgehende Hypothese ist. Wie abenteuerlich waren doch auch die Ansichten über die Sonne, an denen man noch vor wenigen Jahren auf die Autorität des älteren Herschel hin festhielt. Die Sonne galt als eine riesige Hohlkugel von leuchtendem, feinem, luftartigem Stoffe. In ihrem Mittelpunkte schwebte der dunkle feste Sonnenkern in einem Abstand von 90000 geogr. Meilen von der Photosphäre, vor deren zu mächtiger Wirkung er durch Zwischenlagerung wolkenartiger Gebilde geschützt war. Man konnte somit auf dem Sonnenkern eine erträgliche Temperatur und die Bewohnbarkeit desselben als wahrscheinlich annehmen. Die Phantasie durfte diesen so günstig gelegenen Ort mit einer paradiesischen Vegetation zieren und mit den glückseligsten Vernunftswesen bevölkern.

Eine eingehendere Vergleichung der modernen Kosmologie mit der der griechischen Naturphilosophen dürfte uns jedoch belehren, dass die allgemeinen Grundgedanken, welche b e i d e beherrschen, dieselben geblieben sind. Das Weltall wird gegenwärtig ebenso wie in der altgriechischen Naturphilosophie vorgestellt als ein harmonisches Ganze, beherrscht von gleichen Kräften, aufgebaut aus gleichartiger Materie. Der Kosmos wird jetzt ebenso wie im Alterthum als ein Entwicklungsweltall aufgefasst, welches aus einem bestimmten Uraggregationszustand g a n z n a c h m e c h a n i s c h e n G r u n d s ä t z e n langsam hervorgeht. Ganz wie im Alterthum sträubt sich auch die gegenwärtige Kosmologie gegen jede T e l e o l o g i e und erklärt die Zweckmässigkeit aus der Unzweckmässigkeit, oder bemüht sich vielmehr ein Erklärungsprincip zu finden, welches das Zweckmässige wie das Unzweckmässige gleichmässig umfasst. Kant*) selbst, welcher die ersten Gedanken zur Entwicklung der gegenwärtigen Kosmologie schuf, anerkennt, dass seine Theorie mit derjenigen von Leukipp, Demokrit und Epikur viel Ähnlichkeit habe. **) Bei seinem grossen Interesse für eine physische Beschreibung der Erde unterzog er sich dem mühsamen Studium der Werke Newtons und hat die Grundidee der newton'schen Theorie in genialer Weise dahin erweitert, dass die Ursachen, welche jetzt der Lauf der Planeten unterhalten — die Gravitation — einst im Stande gewesen sein müssen, das Planetensystem aus locker im Weltraum zerstreuter Materie zu bilden.

Die Anfangs seitwärts gerichtete Bewegung, welche zugleich mit der Gravitation den Lauf der Planeten bestimmt, entstand, als die Materie der Sonne und der Planeten, die ursprünglich als Dunstmasse ausgebreitet gewesen sein muss, sich zu ballen begann, indem der Zusammensturz der Massen Seitenbewegungen erzeugte. Und nach Analogie mit dem Entstehen und dem gegenwärtigen Bestande des Planetensystems ist die Genesis und der Bestand des Fixsternsystems zu denken.

Vierzig Jahre später fand Laplace ***) unabhängig von Kant denselben Gedanken, und seither ist derselbe in der Kosmologie eingebürgert. Die Theorie Laplace's stimmt zwar in den wesentlichsten Grundzügen mit der Kant'schen überein †), unterscheidet sich aber von dieser durch die Annahme der successiven Abschleuderung der Planeten von der rotierenden Gesammtmasse

---

*) Immanuel Kant, geboren zu Königsberg 1724, studierte an der Universität in seiner Vaterstadt Philosophie, Mathematik und Theologie, bekleidete von 1746 bis 1755 Hauslehrerstellen, habilitierte sich hierauf in Königsberg und eröffnete 1755 seine Vorlesungen über Mathematik, Physik, Logik, Metaphysik, Ethik, physische Geographie, Anthropologie und natürliche Theologie. Erst im Jahre 1766 wurde „dem geschickten und durch seine gelehrten Schriften berühmt gemachten Magister Kant" eine Stelle als Unterbibliothekar an der königlichen Schlossbibliothek mit 62 Thlr. Jahresgehalt verliehen. Einen Ruf an andere Universitäten schlug er aus und an der Königsberger erlangte er eine ordentliche Professur erst 1770. Er lehrte bis 1797, bis ihn Altersschwäche zum Aufgeben der Vorlesungen bewog. Er starb 1804. Kant ist unstreitig der grösste Philosoph der Neuzeit. Aus dem von ihm begründeten philosophischen Kriticismus giengen alle wichtigeren philosophischen Systeme der Folgezeit in Deutschland hervor, und die allmählige Abnützung derselben ruft in der Gegenwart das Losungswort „auf Kant zurückgehen" hervor.

**) Kants Werke, herausgegeben von Hartenstein 1867, I, Seite 216.

***) Pierre Simon Laplace, geboren 1749 zu Beaumont-en-Auge im Departement Calvados, war Lehrer der Mathematik an der Militärschule daselbst, sodann Examinator beim königlichen Artilleriecorps zu Paris. Von Bonaparte wurde er gleich zu Beginn der Consularregierung zum Minister des Innern ernannt, schied aber sehr bald aus diesem Amte wegen Mangels an hiezu nothwendigen Kenntnissen. Im Jahre 1803 wurde er zum Kanzler des Erhaltungssenates ernannt und bei Errichtung des Kaiserthrones in den Grafenstand erhoben. 1805 wies er zuerst im Senate die Nothwendigkeit nach, den gregorianischen Kalender wieder einzuführen. Ludwig XVIII. ernannte ihn zum Pair und 1817 zum Marquis. Ein Jahr zuvor wurde er in die französische Akademie gewählt. Er starb zu Paris 1827. Sein Hauptwerk ist die bekannte Mécanique céleste.

†) Man pflegt sie gegenwärtig die Kant-Laplace'sche-Theorie zu nennen.

derselben und durch die streng mathematische Begründung. Wie bereits die jonischen Naturphilosophen die Zerstreuung der Materie als ihren ursprünglichen Zustand vorstellten, so nehmen auch wir gegenwärtig mit Kant und Laplace an, die kosmische Materie sei ursprünglich in Nebelform durch den ganzen Raum unseres Sonnensystems ausgebreitet gewesen. Der Spectralanalyse ist es nun wirklich gelungen, das Vorhandensein gasförmiger Nebel im Weltenraume, an denen in der Gegenwart thatsächlich Veränderungen vor sich gehen, nachzuweisen. Dies wurde z. B. an dem Omeganebel von H. Holden beobachtet. Ein hufeisenförmiger Arm desselben hat in dem Zeitraume von 1837—1865 seine Lage gegen die Nachbarsterne geändert, während die Lage der Sterne gleich geblieben ist. Dass das Gesetz, nach welchem die Bewegung in den kosmischen Nebelmassen vor sich gehen, nur das Gravitationsgesetz sein kann, geht daraus hervor, dass die Giltigkeit desselben auch für die Fixsternräume durch Beobachtungen an den Bewegungen der Doppelsterne nachgewiesen worden ist.

Welch wunderbare Harmonie im Weltall entrollt sich da vor unseren Blicken! Die Atome dieser so unendlich fernen Stoffe folgen demselben Gesetze der Gravitation wie die irdischen Atome. Ob man nun mit Demokrit annimmt, dass diese Atome gleiche Richtung der Bewegung haben aber verschiedene Geschwindigkeit, oder dass sie sich in verschiedenen Richtungen bewegen, immer ist das schliessliche Resultat eine Rotation des Nebels, ein Zusammenballen zu einem kugeligen Gebilde und bei der so leichten Verschiebbarkeit der Theilchen die Abplattung zu einem Rotationsellipsoid. Aus der Abnahme des Durchmessers in Folge der Wirkungen der Gravitation resultiert eine Zunahme der Rotationsgeschwindigkeit und die Bildung aequatorialer Nebelringe. Die geringste Dichtendifferenz innerhalb eines solchen Ringes führt zur Zusammenballung desselben zu einer Kugel. Der Centralkörper gebiert einen Planeten. Die Wiederholung dieses Processes muss eine Mehrzahl von Planeten mit derselben Umlaufsrichtung zur Folge haben. Indessen muss die allmälige Verdichtung sowohl des Centralkörpers als auch der abgeschleuderten Planetenmassen nach den Principien der Mechanik eine sehr ausgiebige Wärmequelle werden. So verwandelt sich allmälig ein kosmischer Nebel in ein System von Weltkörpern. Im Mittelpunkte desselben befindet sich der Rest der ursprünglichen grossen Nebelkugel als rotierende, leuchtende Sonne, und um sie kreisen die abgeschleuderten Planeten. Durch Wiederholung derselben Processe an den Planeten entstehen deren Monde. Die Bestandtheile eines solchen Systems müssen sich in verschiedenen Entwicklungsphasen — eigentlich Abkühlungsstadien — befinden, einerseits wegen des verschiedenen Alters, andererseits wegen der verschiedenen Grösse.

Zöllner nimmt fünf Phasen an. Während der ersten Phase giebt es nur einen planetarischen Nebel, in welchem bloss die Gravitation wirksam ist. Die Verdichtung führt aber allmälig zur Wärmeentwicklung und Wärmestrahlung, deren Folge in der zweiten Phase der glühend flüssige Zustand der Himmelskörper ist. Fortgesetzte Wärmestrahlung ermöglicht die

Wirkung der chemischen Attraction und Krystallisation. Es bilden sich demnach in der dritten Phase an der Oberfläche des Himmelskörpers Schlacken. Die Schlacken nehmen an Umfang zu und vereinigen sich zu einer starren Kruste. Diese wird jedoch in der vierten Phase durch die noch glühend-flüssigen Massen im Innern vielfach zerbrochen, es ist dies die Zeit der im grossen Massstabe erfolgenden Eruptionen. Bei fortschreitender Abkühlung und Verdickung der erstarrten Kruste werden in der fünften Phase die Eruptionen immer seltener, es kann bereits Wasser in tropfbarer Form auftreten und den Himmelskörper an der Oberfläche modelliren. Ist endlich die Erkaltung und Erstarrung völlig eingetreten, so beginnt für den Himmelskörper die sechste und letzte Phase seiner Entwicklung. Für alle diese Entwicklungsstufen lassen sich in den kosmischen Nebeln, in den Fixsternen mit constanter Helligkeit, in Fixsternen mit veränderlichem Lichtglanze, in den sogenannten neuen Sternen mit plötzlichem Aufleuchten, in unserer Erde und endlich in dem Erdenmonde Repräsentanten aufstellen.

Die Naturwissenschaft hat in neuester Zeit die Zahl der Gründe für die Wahrscheinlichkeit der Nebularhypothese vermehrt. Die Spectralanalyse zwang den aus gewaltiger Ferne zur Erde kommenden Lichtstrahl Rede zu stehen über die chemische Zusammensetzung der fernen Himmelskörper. Und es sagte aus, dass diese aus denselben Elementen bestehen, die wir auf der Erde besitzen. Aber die Dienste der Spectralanalyse reichen noch weit über die Grenzen unseres Sonnensystems. Der Astronom Secchi theilte die Himmelskörper nach der Natur ihrer Spectren in drei Gruppen. Die erste Gruppe umfasst Himmelskörper, welche im Ganzen unserer Sonne gleichen, indem sie die Spectrallinien der meisten Metalle unserer Erde zeigen; die Himmelskörper der zweiten Gruppe verhalten sich wie glühende Kugeln von Wasserdampf und Stickstoff, während die der dritten Gruppe mit ihren breiten Absorptionsstreifen Erscheinungen darbieten, zu deren Deutung die Erforschung irdischer Stoffe bis jetzt noch wenig Anhaltspunkte geliefert hat.

Auch die genauere Erforschung der Nebelflecke berechtigt zu Schlüssen auf die Vergangenheit und die Zukunft unseres Sonnensystems, zu Schlüssen, die als ein neuer Beweis für die Richtigkeit der Nebularhypothese angesehen werden können. Als vor wenigen Jahren Lord Rosse nacheinander eine Anzahl von Nebelflecken untersuchte, fand er, dass die meisten derselben aus Sternhaufen, die an unsere Mittelstrasse erinnern, bestehen. Die meisten dieser Gruppen entbehren jedoch einer regelmässigen räumlichen Anordnung ihrer Bestandtheile. Wenige nur zeigen das überraschende Bild einer spiraligen Anordnung ihrer Glieder. In ihnen erblickt die Astronomie alternde, dem Untergange geweihte Systeme. Denn dass die zu ihnen gehörigen Himmelskörper, die sich um ihren Massenmittelpunkt drehen, nach den unabweislichen Forderungen mechanischer Gesetze endlich in den Mittelpunkt des Wirbels hineingerissen werden müssen, unterliegt keinem Zweifel. Diese alternden Systeme gewähren uns nun einen Blick in die Zukunft unseres Sonnensystems, dem sie in der Entwicklung um unermessliche Zeiträume vorausgeeilt sind.

Laplace stellte auf Grund einer Rechnung fest, dass der Sterntag auf der Erde seit Hipparchs Zeiten bis zu seiner Zeit sich nicht einmal um $1/_{300}$ Secunde geändert habe. Für diese allerdings verschwindend geringe Verzögerung fand man einen vollständig hinreichenden Erklärungsgrund in der Wirkung der Ebbe und Fluth, durch welche ein Theil der lebendigen Kraft der Planetenbewegung aufgehoben wird. Bereits vor Laplace im Jahre 1754 hat Kant diesen Gedanken ausgesprochen und bewiesen. Die Entdeckung der verzögernden Wirkung der Ebbe und Fluth veranlasste vor etwa 20 Jahren den englischen Astronomen Adams, die Rechnung Laplace's zu wiederholen. Es gelang ihm, unanfechtbar festzustellen, dass der Sterntag wirklich länger werde. Die Zunahme beträgt aber nach seiner Rechnung für ein Jahrtausend $1/_{100}$ Secunde. Nach wenigen Millionen Erdenjahren werden in Folge dessen die Verhältnisse auf der Erdoberfläche so geändert sein müssen, dass das gegenwärtige organische Leben in seiner Existenz bedroht sein wird, und das totale Aufhören der Axendrehung wird endlich eintreten müssen. Adams erhielt für seine geniale Leistung den höchsten Preis der britisch-astronomischen Gesellschaft, die grosse goldene Medaille. Das gefundene Resultat zeigt aber, dass der Vorrat an lebendiger Kraft der Erde, wenn auch noch so langsam, doch abnehmen müsse. Dies gilt wol auch von den übrigen Planeten unseres Sonnensystems. Und die Folge dieser Abnahme der lebendigen Kraft ist: Zuerst müssen sich die Trabanten den Planeten, dann diese der Sonne nähern.

Die Mühe, einen Ausweg zu finden, um diesen Folgerungen zu entgehen, ist bis jetzt ohne Erfolg geblieben. Dass sich die Erde noch immer zusammenziehe, und dass aus der Abnahme ihrer Dimensionen eine Beschleunigung der Axendrehung folge, die der durch Ebbe und Fluth bewirkten Verzögerung entgegenwirke, mag immerhin richtig sein. Aber auch die Zusammenziehung wird einmal ihre Grenze erreichen müssen. Und dass die beiden entgegenwirkenden Einflüsse schon gegenwärtig nicht im Gleichgewichte stehen, sondern dass die Verzögerung überwiegt, ergiebt sich eben aus der Entdeckung Adams'. Man muss freilich auch bedenken, dass auch die Wirkung der Ebbe und Fluth nicht constant bleiben wird. Es steht ja fest, dass in Folge die Hydratbildung beim Verwitterungsprocesse der Gesteinsmassen die Wassermenge auf der Erde abnehme, und annähernde Berechnungen sagen aus, dass bereits der siebenzehnte Theil der ursprünglichen Wassermenge auf diese Weise gebunden worden ist. Die Erde wird dereinst eine völlig ausgetrocknete und erstarrte Steinkugel werden, und mit dem Aufhören des Gegensatzes fester und tropfbarer Massen wird auch die Ursache der Verzögerung der Axendrehung verschwinden. Wer vermag aber zu bestimmen, ob nicht vor dem Verschwinden des Wassers bereits die lebendige Kraft der Erde erschöpft sein wird?

Soll die Planetenbewegung unveränderlich bleiben, so ist ferner auch notwendig, dass sie in einem absolut leeren Raume vor sich gehe. Nun ist es, wie wir wissen, notwendig gewesen, durch den ganzen Weltraum, soweit wenigstens Lichterscheinungen beobachtet werden können, einen Aether anzunehmen. Dieser Aether müsste, um die Planetenbewegung unbeeinflusst zu lassen, vollkommen widerstandslos sein. Die Astronomen haben jedoch die Erscheinung, dass der Enke'sche Komet immer engere Ellipsen um die Sonne beschreibt, durch die Annahme eines Widerstand leistenden Mediums zu erklären gesucht. Der Wert dieser Erklärung ist freilich in neuester Zeit sehr schwankend geworden, da an anderen Kometen die genaueste Untersuchung keine Bahnveränderungen nachzuweisen im Stande war. Hingegen hat Zöllner zu zeigen versucht, dass die Atmosphäre sich in einem leeren Raume unmöglich im Gleichgewichte erhalten könnte, wenn nicht im Weltraume Spuren atmosphärischer Gase vorhanden wären.

Endlich fragt es sich auch, ob denn der Wärmevorrat der Sonne für ewige Zeiten ausreichen werde. Zwar ist der Vorrat gegenwärtig noch ungeheuer gross. Er muss aber im Laufe der Zeit doch einmal erschöpft werden. Zu dieser Annahme zwingt uns der Lehrsatz von der Aequivalenz der Verwandlungen. Aus der Thatsache, dass Wärme von selbst nur von einem wärmeren Körper zu einen kälteren übergeht, aber nie den umgekehrten Weg einschlägt, folgt, dass die vorhandene Wärme des Universums einem allgemeinen Ausgleiche zustrebe, und dass schliesslich alle sichtbare Bewegung aufhören werde, indem ihre lebendige Kraft völlig in Wärme umgesetzt werden wird. Diese für das ganze Weltall giltigen Folgen der Kraftverwandlung scheinen bezüglich unseres Sonnensystems für einige Zeit noch compensiert zu werden durch die zwischen Sonne und Mercur gelagerten grossen Massen von Meteoren, deren Hinabstürzen in die Sonne Wärme erzeugt. Le Verrier, der berühmte Entdecker des Neptun, hat deren Existenz gerade zwischen Sonne und Mercur aus der Berechnung von Störungen nachgewiesen. Doch dürften die Meteormassen höchstens für 10000 Jahre hinreichen, um die Temperatur der Sonne constant zu erhalten. Sollten dann nicht die Planeten an die Reihe kommen, von der Sonne wieder verschlungen zu werden?

Diese wenigen Grundzüge der modernen Kosmologie zeigen uns eine Übereinstimmung derselben mit der Geologie in der Gegenwart in Beziehung auf die Erklärungsmethode. Die ältere Revolutionstheorie, deren Vertreter Leopold von Buch, Alexander von Humboldt, Cuvier, Elie de Beaumont, d'Orbigny u. s. w. waren, nahm einen stürmischen, durch gewaltige Kräfte bewirkten Entwicklungsgang unseres Planeten an. Von Zeit zu Zeit hereinbrechende, die ganze Erdoberfläche betreffende Katastrophen brachten eine neue Vertheilung des Festlandes und der Meere mit sich, vernichteten jegliches organische Leben und machten eine Wiedererschaffung desselben notwendig. Diesen Anschauungen entgegen vertritt der englische Geologe Charles Lyell die Ansicht, „dass der Puls im Leben der Erde von Anbeginn an ungefähr denselben Tact gehalten habe wie heute." Dieselben heute noch warnehmbaren Ursachen, welche verändernd auf die Erdoberfläche wirken, chemische Processe, mechanische Wirkungen der Atmosphäre und Hydrosphäre und dgl. waren es seit jeher einzig und allein, die auf die Entwicklung der Lithosphäre Einfluss geübt haben. Zwar sind die momentanen Wirkungen derselben ganz unscheinbar und gering, aber im Laufe der Zeiten summieren sie sich zu gewaltigen Effecten. Die Entwicklung der Erde war somit ruhig und nur verhältnissmässig selten von grösseren Katastrophen, welche aber immer nur einen sehr kleinen Theil der Erdrinde betrafen, unterbrochen.

Gerade so verfährt auch gegenwärtig die Kosmologie. Auch sie bestrebt sich, die Entwicklung des Sonnensystems aus noch heute warnehmbaren Wirkungen und noch heute sichtbaren Veränderungen zu erklären. Und darin, dass sie ein allmäliges, durch stetig wirkende Kräfte verursachtes Werden des Kosmos, kurz eine Entwicklung des Weltalls von Stufe zu Stufe annimmt, darin stimmt sie mit der antiken philosophischen Kosmologie überein. Es lehrt ja schon Anaximander die langsame Ausscheidung der Luft und des Wassers aus dem Urstoffe durch die diesem zukommende ewige Bewegung, das allmälige Entstehen der Himmelskörper, die fortschreitende Entwicklung der Erde, die andauernde Abnahme des Wassers durch Eintrocknen des Meeres, den endlichen Untergang des organischen Lebens, ja des ganzen Sonnensystems und die Neubildung desselben in Folge der ewigen Bewegung des Urstoffes. Heraklit hat aber dem Grundgedanken des ewigen Werdens in der Welt den schärfsten Ausdruck gegeben. Empedokles baut seine Kosmogenie auf den Gedanken eines ewigen Kampfes des einigenden Principes in der Natur mit dem trennenden, somit auf den Gedanken eines ununterbrochenen Werdens und Vergehens. Demokrits Ansicht endlich, dass die Fallbewegung der Atome zur Bildung des Weltalls geführt habe und es fortwährend noch weiter gestalte, steht nach Kant's eigener Aussage der modernen ziemlich nahe.

Vollkommen stimmt endlich die moderne Kosmologie mit der antiken in der Abweisung der Teleologie überein. Bereits Empedokles lehrte, wie wir erörtert haben, dass die Zweckmässigkeit im Kosmos und bei den Organismen aus dem blossen Walten der Naturkräfte resultiere. Die Naturkräfte bringen Zweckmässiges und Unzweckmässiges gleichzeitig ohne Absicht und ohne vorgefassten Plan hervor. Während es aber in der Natur des ersteren liegt, sich zu erhalten, ist das letztere, eben weil es unzweckmässig ist, dem Untergange geweiht; es muss daher nach und nach verschwinden und dem Zweckmässigen die immer grössere Entfaltung und Anhäufung in der Natur gestatten. Den Eingriff eines ausserweltlichen Wesens, welches das Zweckmässige im voraus erdacht, aus der Zahl der möglichen Fälle als das Brauchbarste direct ausgewählt und den Entwicklungsgang des Weltalls auf Erreichung des vorausbedachten Planes hingelenkt und beeinflusst hatte, lehnt Empedokles entschieden ab. Auch nach Demokrit resultiert die Welt, so wie sie ist, mit Notwendigkeit aus der blossen Beschaffenheit der Atome und ihrer Bewegung im leeren Raume. Bei der Entwicklung des Weltalls war weder ein Zufall noch eine vorausgehende Wahl eines Zweckes möglich. Die Atome sind ja ewig und konnten die Welt nur so aufbauen, wie es in ihrer Natur lag.

In gleicher Weise lehrt auch die Kosmologie der Gegenwart, dass sich aus dem Walten der die Welt gestaltenden Naturkräfte die Unzweckmässigkeit ebenso ergebe, wie die Zweckmässigkeit. Während aber diese sich erhält und anhäuft, wird jene nach und nach eliminirt. Aus der Betrachtung unseres Sonnensystems ergiebt sich, dass die Zweckmässigkeit unseres Sonnensystems nicht durchgängig ist. Wir müssen vorausschicken, dass die Anzahl der Himmelskörper, die von einem rotirenden Gasball abgeschleudert wird, mit der Rotationsgeschwindigkeit desselben im geraden Verhältniss stehen muss. So sollte die Zahl der Planeten von der ursprünglichen Rotationsgeschwindigkeit des Sonnenballes, und die Zahl der Monde von der ihrer Planeten abhängen. In Wirklichkeit ist dies aber nur annähernd der Fall. Es müssen demnach später nach der Abtrennung der Planeten und Monde Veränderungen im Sonnensystem stattgefunden haben, die durch die gegenseitige Gravitation der Planeten und Monde verursacht worden sind. Die Perturbationen, welche noch gegenwärtig warnehmbar sind, beweisen dies unzweideutig. Weder für die Sonne noch für die Planeten war bei der Abschleuderung ihrer Begleiter das Newton'sche Gravitationsgesetz massgebend. Wie wäre auch die Sonne dazu gekommen, gerade solche Massen und in solchen Distanzen abzuschleudern, dass trotz der gegenseitigen Gravitation die mechanische Zweckmässigkeit vollkommen erreicht und alle Störungen ausgeschlossen worden wären? Wir müssen vielmehr annehmen, „dass die Sonne Kinder zeugte, ganz unbekümmert darum, wie sich diese unter einander vertragen würden."

Dass aber Störungen wirklich vorgekommen sind, ist zweifellos. Werden ja Perturbationen noch jetzt beobachtet und sogar mit so hohen Beträgen, dass Umgestaltungen der Bahnen erfolgen. Die nur unbedeutend gestörten Planeten konnten zwar ihre ursprünglich kreisförmige Bahn ohne bedeutende Abweichung beibehalten, die starken Störungen ausgesetzten Himmelskörper hingegen mussten von bedeutenden Veränderungen betroffen werden, indem sie elliptische, parabolische oder hyperbolische Bahnen einschlugen (oder sich in spiraligen Bahnen mit ihrem Anziehungscentrum vereinigten). Es mussten sich somit die stark gestörten Himmelskörper den gegebenen Verhältnissen anpassen. Die vorhandene Unzweckmässigkeit musste unter jeder Bedingung entfernt werden. Zur Erreichung dieses Zieles boten sich aber genug Anpassungsmittel. Es brauchte entweder nur die Excentricität und Lage der Bahn oder Richtung und Geschwindigkeit der Bewegung geändert werden, und die Zweckmässigkeit des Mechanismus war hergestellt. Dieselbe ist nun freilich bei weitem nicht die vollendeteste, die überhaupt denkbar ist. Die Astronomie lehrt uns vielmehr, dass bei den vorhandenen Weltkörpern unseres Sonnensystems eine fast unbestimmbare Zahl von zweckmässigen Constellationen möglich ist.

Zu unserem Sonnensystem gehören etwa 200 Planeten, Asteroiden und

Monde, nebst einer nicht näher angebbaren Anzahl von Cometen. Aus den bekannten Werten für die Massen dieser Himmelskörper könnte man mit Zugrundelegung des Gravitationsgesetzes durch Varieren der gegenseitigen Entfernung, der Form und Lage der Bahnen und der Richtung und Geschwindigkeit der Bewegung zahllose Mechanismen aufstellen, die nicht nur zweckmässig und deshalb bestandfähig wären, sondern sogar eine viel grössere Zweckmässigkeit und demnach viel geringere Störungen aufweisen würden, wie das in Wirklichkeit bestehende Sonnensystem. Und dass die Störungen im letzteren nicht gering, d. h., dass es ursprünglich sehr unzweckmässig gewesen sein muss, ergiebt sich ja aus der so geringen Zahl der Planeten, die von der ursprünglich kreisförmigen Bahn nur wenig abgewichen sind, und aus der so grossen Zahl der Cometen. Innerhalb des engen Planetensystems ist zwar ein Zustand der conservativen Anpassung erreicht, da die Störungen immer wieder ausgeglichen werden. Bei den Cometen ist dies aber nicht der Fall. Den geringsten Grad der Anpassung zeigen die fremden Cometen, welche durch die grossen Planeten stark gestört werden. Sie müssen entweder unserem System eingefügt oder eliminiert werden. So geschah es mit dem Cometen vom Jahre 1770, welcher 1767 durch eine Störung in eine geschlossene Bahn gedrängt worden war, dieselbe jedoch nur zwölf Jahre beibehielt und in Folge einer zweiten Störung unser System wieder verliess. Der Halley'sche Comet hingegen befindet sich mit zahlreichen anderen in dem Stadium der conservativen Anpassung, und das beständige Verweilen im Anpassungsraume bezeugt die völlige Einverleibung in unser System.

In unserem Sonnensysteme kann somit gegenwärtig, ausgenommen die Fälle, dass ein fremder Comet zuwandert, die Unzweckmässigkeit nicht mehr vermehrt werden. Was aber diese Ausnahmsfälle der Zuwanderung anbelangt, so sind die zugewanderten Fremdlinge immer gezwungen, sich den vorfindlichen Verhältnissen anzupassen oder aber unser System zu verlassen. Man kann demnach im Ganzen alle Veränderungen im Sonnensystem als auf Zunahme der Zweckmässigkeit abzielend ansehen. Noch ein Fall wäre möglich, nämlich der Zusammenstoss mit einem anderen Himmelskörper, wie dies bei den Meteoriten der Fall ist; aber auch diese Erscheinung zielt nur auf Beseitigung des Unzweckmässigen ab. Es sind demnach im Kosmos zweckmässige und unzweckmässige Einrichtungen vorhanden, und sollte jemand die Existenz der letzteren leugnen, so müsste ihm schon der Sturz der Meteorite auf Planeten das Gegentheil beweisen.

In der allmäligen Anpassung an gegebene Verhältnisse oder in der indirecten Auslese des Zweckmässigen haben wir nun das Erklärungsprincip kennen gelernt, welches die Zweckmässigkeit und deren Gegentheil gleichmässig umfasst. Diese Auslese bringt es aber nicht mit sich, dass gerade die höchste Stufe der Zweckmässigkeit verwirklicht werden muss, sie macht nur begreiflich, wie durch das blosse Wirken der Naturkräfte Zweckmässigkeit überhaupt erreicht werden kann und verbürgt uns wenigstens ein Minimum der Zweckmässigkeit und Lebensfähigkeit im Kosmos.

Daraus ergiebt sich aber, dass, wenn sich überhaupt in einem Punkte die völlige Übereinstimmung der modernen Naturwissenschaft mit der vorsokratischen Naturphilosophie offenbart, dies in erster Linje in der Auffassung der Zweckmässigkeit der Fall ist. Den charakteristischen Grundgedanken der empedokleischen Weltanschauung sehen wir durch die exacte Forschung gestützt, denselben Gedanken, gegen welchen sich selbst die Begründer der modernen Naturforschung, vor allen Boyle, wegen der atheistischen Consequenzen noch feierlich verwahren mussten.

Diese Auffassung der Zweckmässigkeit ist aber auch von der grössten Bedeutung für die Frage nach der Entwicklung der Organismen. Auch mit dieser Frage haben sich die Naturphilosophen vor Sokrates, wie wir bereits gezeigt haben, mit Vorliebe beschäftigt. So lehrte Anaximander, dass die Organismen aus dem Erdschlamme unter dem Einflusse der Sonnenwärme entstanden sind. Alle Thiere sind nach einer Ansicht ursprünglich Wasserbewohner gewesen, und erst bei Austrocknung der Erde haben sie sich dem neuen Wohnorte angepasst. Ganz ähnliche Ansichten verficht Empedokles. Durch Urzeugung seien aus dem Schosse der Erde zuerst die Pflanzen, dann die Thiere hervorgegangen. Doch sei ihre Organisation noch keineswegs so vollkommen und zweckmässig gewesen wie gegenwärtig. Es seien zuerst einzelne Organe als selbstständige Wesen entstanden, die sich bald zu zweckmässig bald zu unzweckmässig organisierten Wesen zusammenfügten. Erstere haben sich erhalten, letztere sind zu Grunde gegangen. Bei Demokrit sind es, wie wir gehört haben, wieder die Atome und deren Bewegung, welche Leben verleihen. Es sind die runden und glatten Feueratome in den Organismen, welche durch ihre Beweglichkeit Lebenserscheinungen hervorbringen. Wir ersehen aus diesen wenigen recapitulierten Angaben, dass der altgriechischen Naturphilosophie zur Erklärung des Lebens und der Entwicklung der Organismen dieselben Ursachen vollkommen genügten, die auch der Erklärung der anorganischen Natur und der Entwicklung des Weltalls zu Grunde gelegt wurden.

Auch in der Gegenwart ist die Erforschung des Lebens und der Entwicklung der Organismen eine der wichtigsten Aufgaben der Naturforschung. Es gelang bereits, den grossartigen kosmischen Mechanismus zu begreifen, Lichtphänomene auf Bewegung zurückzuführen, die Ursache der Wärmeerscheinungen in der Bewegung zu finden u. s. f. Sollte es nun nicht gelingen, auch die Lebenserscheinungen so zu erklären, dass auch sie auf Bewegung zurückgeführt und von denselben Gesetzen beherrscht wie die anorganischen Phänomene erscheinen? Man stand den Lebenserscheinungen noch in der neuesten Zeit rathlos gegenüber. Es schien förmlich festzustehen, dass Physik und Chemie nie und nimmer ausreichen werden, dieselben begreiflich zu machen. Die Erscheinungen in der organischen Natur suchte man deshalb auf ein specifisches, immaterielles Princip, die Lebenskraft zurückzuführen. Dadurch wurde jedoch eine völlige Scheidung der Naturursachen in organische und anorganische herbeigeführt und eine einheitliche Weltanschauung unmöglich gemacht.

Gegen diese Scheidung spricht zunächst die Erfahrung, dass sowohl die organischen als auch die anorganischen Körper bei der chemischen Zerlegung dieselben Grundstoffe liefern. Seitdem es ferner der Chemie gelungen ist, für beide Reihen der Verbindungen, die organischen wie die anorganischen, die Giltigkeit vollständig gleicher Gesetze nachzuweisen, seitdem man überdies auf künstlichem Wege organische Verbindungen herzustellen im Stande ist, ist für die Annahme eines besonderen, ausschliesslich organischen Agens, des Lebensstoffes, neben den übrigen Elementen und für andere ähnliche Hypothesen kein Anhaltspunkt mehr vorhanden. Die Kluft zwischen dem Organischen und Anorganischen wurde leicht überbrückt, indem man die Lebenserscheinungen fortan als rein physikalische und chemische Processe, wenn auch von sehr complicierter Natur auffasste. Und da für eine wissenschaftliche Forschung die Begreiflichkeit der Welt ein unanfechtbares Axiom sein muss, wird nunmehr die Erklärung der Lebenserscheinungen als eine zwar sehr schwierige und überaus verwickelte, aber principiell lösbare Aufgabe der angewandten Chemie und Physik aufgefasst. Die Physiologie der Gegenwart richtet ihr Hauptaugenmerk gerade auf die Lösung dieser so wichtigen Aufgabe. Und mögen auch bis heute noch wenig fertige und verbürgte Resultate erreicht worden sein, so kann man doch nicht leugnen, dass die Physiologie, seitdem sie sich der Chemie und Physik in die Arme geworfen hat und von der Anatomie nachdrücklichst unterstützt wurde, doch einen ungeahnten Fortschritt erzielt hat. Ob man aber mit den der Physik und Chemie entlehnten Principien wird vollständig ausreichen können, das ist eine Frage, die sich nur schwer beantworten lässt. Abgesehen von zahlreichen Problemen von geringerer Bedeutung harren noch zwei Fragen von überaus grosser Tragweite der endgiltigen Lösung, zwei Fragen, die, wie es scheint, die Probiersteine für die Leistungsfähigkeit der Physiologie werden und über ihr Sein oder Nichtsein entscheiden sollen. Wie sind die Organismen entstanden? Wie kommt die das Lebendige characterisierende Fähigkeit, zu empfinden, zu Stande?

Das erste Räthsel versucht man gegenwärtig meist durch die Annahme einer Urzeugung zu lösen. Aber diese Lösung hat ihre Kehrseiten. Man kann immerhin einwenden, dass, wenn sich die Organismen einst aus der leblosen Materie spontan entwickelt haben, es mit Hilfe der synthetischen Chemie möglich sein müsste, aus den Elementarstoffen der organischen Naturkörper ein lebendes Wesen zusammenzusetzen, welches weiter lebt, sich entwickelt und fortpflanzt. Eine solche Synthese ist bis jetzt practisch unmöglich gewesen, und es ist auch wenig Wahrscheinlichkeit für ihr einstiges Gelingen vorhanden. Es wird hier freilich an dem experimentierenden Physiologen, welcher ein Anhänger der Urzeugung ist, eine ungewöhnliche Forderung gestellt, er wird aber, solange er sie nicht zu erfüllen im Stande ist, dem „omne vivum ex vivo" nur mit wenig Erfolg entgegentreten können. Wendet er ein, dass man, wenn erst die chemischen und physikalischen Processe in den organischen Wesen genau erkannt sein werden, dieselben auch künstlich wird hervorbringen können, so kann man immer noch bezweifeln, ob man z. B. ein entwicklungsfähiges Hühnerei ohne ein Huhn wird herstellen können. Schliesslich ist doch die Erfahrung die Grundlage jedes positiven Wissens über die Natur, und die Erfahrung sagt bis jetzt eigentlich nur aus: „Omne vivum ex vivo." Die viele Mühe, die man auf den experimentellen Beweis der generatio aequivoca verwendet hat, hat sich nämlich als erfolglos herausgestellt. Selbst die, wie es schien, werthvollen Versuche von Bastian und von Huizinga haben ihre Beweiskraft eingebüsst. In einem sorgfältig zugeschmolzenen Glaskolben kochten diese Forscher Flüssigkeiten zehn Minuten lang und constatirten nachträglich die Bildung von Bacterien. Man sah sich berechtigt, wenigstens für diese so einfachen Organismen die Urzeugung annehmen zu dürfen. Allein Pflüger liess unter gleichen Verhältnissen dieselbe Flüssigkeit stundenlang kochen und fand keine Bacterien mehr. Es war die Annahme gestattet, dass Keime dieser Organismen in der gekochten Flüssigkeit vorhanden waren, die ein zehn Minuten andauerndes Sieden ausgehalten haben, einem stundenlangen aber unterlegen sind. Doch vielleicht hat die lange andauernde Siedhitze die Bedingungen, unter denen die Bacterien sich bilden können, vernichtet? Kurz, aus allen diesen Versuchen kann man nur so viel ersehen, dass die Urzeugung durch Experimente nicht bewiesen, dass sie aber durch dieselben auch nicht widerlegt ist. Vielleicht sind uns aber die Bedingungen in der Natur, unter denen die Urzeugung stattfinden konnte, nicht bekannt? Dafür sprach anfänglich die Entdeckung jener Moneren, die unter nicht leicht aufklärbaren Verhältnissen am Grunde des Meeres — vielleicht noch heutzutage durch Urzeugung entstehend — leben. Doch auch das von Huxley entdeckte und beschriebene Protoplasmagebilde, der Bathybius Haeckelii, hat in neuester Zeit seine Beweiskraft eingebüsst. „Wenn sie die Hypothese der Urzeugung nicht annehmen," schreibt Haeckel, „so müssen Sie an diesem einzigen Punkte der Entwicklungstheorie zum Wunder einer übernatürlichen Schöpfung Ihre Zuflucht nehmen." Zu einer solchen Annahme dürfte aber die Naturwissenschaft nicht so leicht eine Veranlassung finden. Man braucht schliesslich keine Urzeugung auf Erden anzunehmen, ohne deshalb auf einen Schöpfungsact zurückzugreifen. Vielleicht sind die Organismen kosmischen Ursprungs, und Meteore, die auf unserer Erde fallen, die Schiffe, auf welchen dieselben zu uns verschlagen worden sind? William Thomson und früher schon Hermann Eberhard Richter haben diese Ansicht ausgesprochen und lassen die Lebenskeime von anderen Weltkörpern auf den unsrigen übertragen werden. Doch wird durch diese kosmozoische Hypothese die Frage eigentlich nur zurückgeschoben, aber zur Erklärung des Entstehens organischer Wesen kein Beitrag geleistet.

Muss denn aber das Leben überhaupt erst je entstanden sein? Kann es denn nicht eben so alt sein, wie die Materie überhaupt?

Wenn man diesen Gedanken für zulässig hält, so muss man doch von vornherein zugeben, dass nicht die **Materie überhaupt** von jeher gelebt habe, sondern nur Individuen. Denn das Leben offenbart sich nur als Bewegung discreter Theilchen, und die Materie ist ohne eine bestimmte Gestaltung nicht lebensfähig. Etwas Einfaches, wie das Atom, zeigt keine Lebenserscheinungen, denn eine physiologische Funktion ist unmöglich ohne innere, z. B. chemische Veränderungen des Fungierenden. Das einfache kann sich aber nicht verändern. Demnach ist das Leben nur an ein Zusammengesetztes gebunden. Jedenfalls ist es aber eine ganz besondere Art der Zusammensetzung, welche die Lebensfähigkeit bedingt, und die Bedingungen, unter welchen dieselbe zu Stande kommen durfte, kann man sich zu **jeder Zeit, irgendwo** in der Welt gegeben denken, wenn sie auch keineswegs überall und jederzeit vorhanden sind. Die Annahme aber, dass es eine Zeit gegeben haben muss, in welcher im ganzen Weltall kein organisches Leben existiert hätte, in welcher jene Bedingungen nirgends verwirklicht gewesen wären, hat eine sehr geringe Wahrscheinlichkeit für sich. Eine lebensfähige, wenn auch nicht wirklich lebende Anordnung der kleinsten Theile der Materie, man könnte im Sinne der Physik sagen, die **potentielle Energie** des Lebens muss demnach immerhin irgendwo bestanden haben und konnte sich unter günstigen Verhältnissen in **actuelle Energie, in wirkliches Leben** umsetzen. Entstanden braucht also das Lebendige nicht zu sein, sondern nur die Bedingungen, welche erforderlich waren, um gerade jene gegenwärtige Form der Lebenserscheinungen zu ermöglichen. Es ergiebt sich aber aus diesen Annahmen für die Organismen unserer Erde, dass jene „potentiellen" Formen des Lebens eigenthümlich beschaffen gewesen sein müssen, um die hohe Temperatur des Erdkörpers zu ertragen und ohne tropfbar flüssiges Wasser existieren zu können, oder aber dass dieselben kosmischen Ursprunges sind.

Doch auch diese Annahmen beseitigen die Schwierigkeiten nicht. Ob man allgemein eine Entwicklung der lebensfähigen Materie aus der leblosen oder nur das Eintreffen von Bedingungen annimmt, die das **potentiell seit Ewigkeit** gegebene Leben **actuell** werden liessen, der Begriff der generatio aequivoca ist in beiden Fällen erhalten, nur im letzteren maskirt. Hier ist es aber wieder der Unendlichkeitsbegriff, die Ewigkeit, der zugleich an den kritischen Standpunkt der Erkenntnisstheorie erinnert. Ist aber das Entstehen des Lebens, wenn auch in seinen einfachsten Formen, als blosses Protoplasma ohne jegliche zellige Structur, erklärbar, dann ist die Schwierigkeit des Erfassens des weiteren Zusammenhanges im ganzen Organismenreiche behoben. Dann vollendet der mächtige Schritt, welchen **Darwin**, der **„Newton des Lebendigen"** gethan, eine naturphilosophische Weltanschauung, welche Verstand und Gemüt in gleichem Masse zu befriedigen im Stande ist, weil sie sich auf eine immer weitere und feste Basis der Erfahrung gründet. Die Organismen haben sich aus den einfachsten Formen allmälig bis zu der jetzigen Mannigfaltigkeit unter dem

Einflusse verschiedener Ursachen entwickelt. Diese Entwicklungstheorie hat ihre erste Begründung zu Beginn dieses Jahrhundertes (1809) durch Lamarck*) erhalten. Die abändernde Wirkung auf die Organismen sollte aber hauptsächlich durch die äusseren Lebensverhältnisse, den Gebrauch oder Nichtgebrauch der Organe und die Gewohnheiten der Thiere hervorgebracht werden. Im Jahre 1859 wurde durch Darwin die Entwicklungstheorie, die bis dahin gegen das Dogma der Unveränderlichkeit der naturhistorischen Arten nicht aufkommen konnte, durch das Princip der natürlichen Zuchtwahl oder der Erhaltung der vervollkommneten Rassen im Kampfe um das Dasein erweitert und durch die Lehre von der gegenseitigen Abstammung und Verwandtschaft der Organismen begründet.

Die Theorie Darwins wendet dasselbe Princip wie die Lyell'sche Geologie an. Auch hier sind es zahlreiche Ursachen, die langsam, ruhig und fast unbemerkt auf die Organismen verändernd wirken und erst in grossen Zeiträumen erstaunliche Resultate zu liefern im Stande sind. Täglich mehrt sich die Zahl der Beobachtungen, welche für die Entwicklungstheorie sprechen, neue Ursachen des Variierens werden entdeckt, die paläontologischen Forschungen tragen zur Begründung der neuen Lehre nicht minder bei wie die embryologischen Studien. Darwin selbst versteht es, die gesammte Naturgeschichte der Organismen durch scharfsinnige Beobachtungen mit seiner Theorie zu verknüpfen. „Alle Strahlen sind in einen Brennpunkt gesammelt, und die reiche Entfaltung der Theorie leitet die scheinbar entlegensten Erscheinungen in den Strom des Beweises."

Bei diesem Beweise spielt selbstverständlich wie bei jeder naturwissenschaftlichen Hypothese das Experiment eine sehr wichtige Rolle. Es ist Darwins unschätzbares Verdienst, den Geist methodischer Forschung auch auf dieses Gebiet verpflanzt zu haben. Freilich erfordern hier die Experimente die grösste Ausdauer und Aufopferung, und viele von ihnen übersteigen nicht nur die Kräfte, sondern auch die Lebensdauer des einzelnen Forschers und müssen von Generationen fortgeführt werden.

Die fieberhafte Thätigkeit, die sich auf dem Gebiete der Entwicklungslehre in der Gegenwart kundgiebt, ist die beste Gewähr für den Wert dieser Theorie. Wenn auch Manches noch unerforscht geblieben, wenn auch manche Lücke noch durch subjective Zuthat ausgefüllt werden muss, die innere Wahrscheinlichkeit der Theorie ist durch die überaus grosse Menge von Erscheinungen, die sich ihr zwanglos fügen, so gross geworden, dass man ihr mit Beruhigung zurufen kann

...... Forschung, du bist im Zuge,
Nimm welchen Lauf du willst,

---

* Jean Lamarck, 1744 zu Bazentin in der Picardie geboren, trat in die Armee, vertauschte aber bald die Kriegsdienste mit dem Studium der Naturwissenschaften und der Medicin, wurde 1792 Professor der Naturgeschichte der wirbellosen Thiere am Jardin des Plantes, Mitglied des Institutes und später Professor am naturwissenschaftlichen Museum. Seit 1812 erblindet, starb er 1829. Das die Entwicklungstheorie begründende Werk Lamarck's ist die Philosophie zoologique.

du dürftest doch zu dem ersehnten Ziele führen, welches in dieser Hinsicht dem Menschen kraft seiner Organisation zu erreichen gewährt ist, zur genauen Erfassung der gegenseitigen Beziehungen der Erscheinungen im Reiche der Organismen.

Uns sei nur noch gestattet daran zu erinnern, dass auch in der vorsokratischen Naturphilosophie die Lehre von der allmäligen Entwicklung der Organismen einen wesentlichen Bestandtheil der Weltanschauung bildete. Wenn nicht schon Anaximander, so darf doch wenigstens Empedokles mit Recht als der antike Vorläufer Lamark's und Darwin's genannt werden. Die Ähnlichkeit der Lehre des sicilischen Philosophen mit der des britischen Naturforschers leuchtet auf den ersten Blick ein, mag auch jener die Synthese dieser die Differenzierung der Organismen zu zweckmässigen Formen betonen. In dem Gedanken des allmäligen Fortschrittes vom Einfachen zum Complicierten, vom Unvollkommenen zum Vollkommenen, in der Lehre vom Kampfe mit Widerwärtigkeiten und hauptsächlich in der Auffassung der Zweckmässigkeit stimmen beide vollkommen überein.

Wir wenden uns schliesslich noch der anderen von den beiden Fragen zu, deren Beantwortung wir die Prüfsteine der Leistungsfähigkeit der Physiologie und auch der mechanischen Weltauffassung genannt haben. Wie entsteht die Empfindung? In der vorsokratischen Naturphilosophie war die Empfindung ein reines Bewegungsphänomen, welches durch äussere Eindrücke im empfindenden Wesen verursacht wird. Die feinen glatten Seelenatome gerathen, wie Demokrit lehrt, in eine rasche Bewegung und eben diese ist die Empfindung. Ähnlich spricht auch Empedokles und Anaxagoras. Auch gegenwärtig versucht man es, an der Hand der mikroskopischen Anatomie den Weg einer äusserlich hervorgebrachten Affection der Nerven bis zu ihrem Eintritt in das Gehirn zu verfolgen, und die Empfindung als eine Bewegung in den Elementen der Nervenfasern und der Nervenzellen zu deuten. Im Gehirn geht aber doch der Faden verloren. Wie ein Gebirgsbach, welcher plötzlich in einer dunklen Schlucht verschwindet, dort Steinmassen auflöst, um in einiger Entfernung wieder in veränderter Färbung, ganz unkenntlich ans Tageslicht zu treten, so tritt die moleculare Bewegung ins Gehirn ein, verliert sich in dem unerforschten Gewirre der Hirnelemente und taucht plötzlich als etwas ganz Neues, als Empfindung hervor. Wie ist das Räthsel dieser Metamorphose zu lösen? Ist demselben überhaupt irgendwie beizukommen? Es ist doch die Empfindung etwas so specifisch Anderes als die Bewegung, dass es fast unumgänglich nothwendig erscheint, beim Eintritte der Empfindung ausser der Bewegung noch ein neues Princip anzunehmen. Und sollte auch einmal das physische Substrat der Empfindung noch so genau erkannt werden, sollte es gelingen, den Verlauf zahlloser Nervenfäden und die Lagerung der Nervenzellen im Gehirne mit einem Seciermesser und Mikroskop der Zukunft aufzuhellen, ja selbst eine vollständige Theorie der Gehirnfunctionen aufzustellen und die Bewegung von Anfang bis zu ihrem Ende genau zu erforschen, was wäre damit gewonnen? Der Anatom und Physiolog gliche noch immer dem

Wagenlenker, der die Häuserzeilen und deren Häuser von aussen genau kennt und benennt, aber nicht weiss, was in den Häusern vorgeht. Und was tragen zur Lösung des Problems der Empfindung bei die mehr auf Effect berechneten Kraftaussprüche, Empfindung sei eine Secretion des Gehirnes ebenso wie die Galle eine solche der Leber, oder Empfindung sei eine Entladung der Electricität in den Hirnzellen?

Bei allen Fortschritten und Umbildungen der Atomistik ist die Kluft zwischen Atombewegung im Gehirne und Empfindung ebenso gross geblieben, wie sie zur Zeit Demokrits war, und sie wird ebenso gross bleiben, sollte auch einmal die „Physiologie der Seele" dahin gelangen, „selbst die verwickeltesten Handlungen und bedeutungvollsten Bewegungen eines lebenden Menschen nach dem Gesetze von der Erhaltung der Energie aus den in seinem Gehirne unter Einwirkung der Nervenreize frei werdenden Spannkräften abzuleiten." Abermals eine Übereinstimmung der modernen Naturwissenschaft mit der vorsokratischen Naturphilosophie: Für beide ist das Wesen der Empfindung ein verschleiertes Bild.

Der knapp zugemessene Raum drängt zum Abschlusse.

Du hast nun, o herrlicher Demokritos, in gedrängten Umrissen die Antwort auf deine Frage, wie weit denn die Menschheit in den zwei Jahrtausenden, die uns von deinen Lebenstagen trennen, in der Erforschung der Natur gekommen ist, vernommen. Und ich glaube, du wirst dich des Lobes nicht enthalten können, dass wir auf der von dir und den Männern von Samos und Ephesus, Kolophon und Elea, Agrigent und Klazomenä eingeschlagenen Bahn rüstig vorwärtsschreitend, ein namhaftes Stück weiter gedrungen sind. Zwar von fertigen und unanfechtbaren Resultaten konnten wir nur wenig bieten. Über manche wichtige Frage ist noch derselbe dunkle Schleier ausgebreitet wie zu deiner Zeit. Es scheint überhaupt dem Menschengeschlechte nicht gegönnt zu sein, über ein letztes Räthsel hinwegzukommen. Sollten wir aber nach deinem Urtheil zu wenig geleistet haben, so magst du zu unserer Rechtfertigung erfahren, dass viele Jahrhunderte fruchtlos für die Naturerkenntniss vorübergegangen sind, da der Geist des Menschen von der Natur abgewendet, wie die Spinne ihre Fäden, alle Erkenntniss aus sich selbst hervorlocken wollte, dass hierauf der Forscher sich auf das Sammeln von Thatsachen werfend, die gesammelten Vorräthe mit Ameisenfleiss aufstapplete, ohne wie die Biene zu sammeln und zu verarbeiten. Es gab eine Zeit, und wir leben noch theilweise jetzt in ihr, auf welche die Worte Hobbes' noch trefflich passen: „Die Menschen halten es heutzutage mit der Philosophie wie in den ältesten Zeiten mit den Früchten des Feldes. Es wächst Alles wild und ohne Pflege und Prüfung. Daher nähren sich die meisten herkömmlich von Eicheln, und wenn einmal einer eine fremde Beere versucht, hat er meist Nachtheil für seine Gesundheit davon. So hält man auch meist die, welche mit der gewöhnlichen Erfahrung zufrieden sind, für klüger, als die, welche sich nach der Philosophie gelüsten lassen." Die Hochfluth der Abneigung der Naturforschung gegen die Philosophie scheint sich aber glücklicherweise legen zu wollen. Denn es giebt nicht zwei feindliche Wissenschaften, es giebt nur eine Wissenschaft, sowie es nur einen Menschengeist giebt. Und solltest du, o Demokritos, nach tausend Jahren wiederkommen, du dürftest von allen deinen Fragen, die wir dir noch nicht zu beantworten vermögen, wenige ungelöst finden — vorausgesetzt, dass kein feindliches Geschick zerstörend in den Fortbau des wundervollen naturwissenschaftlichen Lehrgebäudes eingreifen wird.

Dr. Adolf Hromada.

Schulnachrichten.

I. Personalstand.

A. Lehrkörper.

Karl v. **Ott**, k. k. Direktor, lehrte Geometrie und geometrisches Zeichnen in IV und Physik in VII; ferner nach erfolgter Erkrankung des Prof. M. Handl, vom 28. Nov. an, auch Physik in VI; 11 Stunden wöchentlich.

Anton **Friebel**, k. k. Professor, Kustos des Modellkabinets, lehrte Freihandzeichnen in II, III, IV, V, VI und VII; 20 Stunden wöchentlich.

Heinrich **Rotter**, k. k. Professor, Klassenvorstand von I b und Kustos der Lehrerbibliothek, lehrte deutsche Sprache in I b, III, Geographie und Geschichte in I b, V, VII; 17 Stunden wöchentlich.

Dr. Adolf **Hromada**, k. k. Professor, Klassenvorstand von IV und Kustos des naturhistorischen Kabinets, lehrte Geographie und Geschichte in IV, Naturgeschichte in I b, V, VI, VII, Physik in IV; ferner nach der Erkrankung des Prof. M. Handl die Stenografie in beiden Abtheilungen; 21 Stunden wöchentlich.

Josef **Maleček**, k. k. Professor und Exhortator, lehrte die katholische Religionslehre in sämmtlichen Klassen der Unterabtheilung; 10 Stunden wöchentlich.

Moriz **Handl**, k. k. Professor, Klassenvorstand von VI und Kustos des physikalischen Kabinets, lehrte bis 28. November 1878 Arithmetik in I b, Mathematik in VI, Physik in VI, und Stenografie; 18 Stunden wöchentl.

Dr. Vincenz **Suchomel**, k. k. Professor, Klassenvorstand von VII, lehrte deutsche Sprache in VI, VII, Geografie in I, Geografie und Geschichte in III, englische Sprache in V, VI, VII; 18 Stunden wöchentlich.

Emanuel **Czuber**, k. k. Professor, Klassenvorstand von V, lehrte Mathematik in IV, V, VII, darstellende Geometrie in VI, VII; 19 Stunden wöchentl.

Emanuel **Reinisch**, k. k. Professor, nach der Erkrankung des Prof. M. Handl Klassenvorstand von VI, Kustos des chemischen Laboratoriums, lehrte Naturgeschichte in I a, II, Chemie in IV, V, VI, VII, leitete die Übungen im chemischen Laboratorium; 20 Stunden wöchentlich.

Ludwig **Koffel**, k. k. wirklicher Lehrer, lehrte die französische Sprache in III, IV, V, VI, VII; 18 Stunden wöchentlich.

Franz **Krönes**, k. k. wirklicher Lehrer, Klassenvorstand von III, lehrte die Arithmetik in II, III, Geometrie und geometrisches Zeichnen in I b, II, III, darstellende Geometrie in V; 21 Stunden wöchentlich.

Andreas **Muhr**, k. k. wirklicher Lehrer, Klassenvorstand von II, Kustos der Schülerbibliothek, lehrte deutsche Sprache in II, IV, V, Geografie und Geschichte in II, VI; 17 Stunden wöchentlich.

Karl **Wihlidal**, suppl. Lehrer, Klassenvorstand von I a, nach erfolgter Erkrankung des Prof. M. Handl Kustos des physikalischen Kabinets, lehrte bis 28. November 1878 deutsche Sprache in I a, Physik in III, böhmische Sprache in I, II und Gesang. Von obigem Datum an übernahm er die Mathematik in VI, gab dagegen die böhmische Sprache in I an den Hilfslehrer K. Buchal ab; 20 Stunden wöchentlich.

Wenzel **Záworka**, suppl. Lehrer, lehrte Arithmetik in I a, Kalligraphie in I b, böhmische Sprache in III, IV, V, VI, VII; 19 Stunden wöchentlich.

Karl **Buchal**, suppl. Lehrer, lehrte Geometrie und geometrisches Zeichnen in I a, Kalligraphie in I a, II und nach erfolgter Erkrankung des Prof. M. Handl auch Arithmetik in I b und böhmische Sprache in I; 19 Stunden wöchentlich.

Wilhelm **Recke**, Turnlehrer, ertheilte den Turnunterricht in sämmtlichen Klassen; 14 Stunden wöchentlich.

Karl **Färber**, evang. Pfarrer, ertheilte evangelischen Religionsunterricht den betreffenden Schülern der hiesigen deutschen Mittelschulen an der I. deutschen Staats-Oberrealschule durch 4 Stunden wöchentlich.

Dr. Moriz **Tauber**, Prediger und Rabbiner der Neu-Synagoge, ertheilte israelitischen Religionsunterricht den betreffenden Schülern der Unterabtheilung in Gemeinschaft mit denen des Kleinseitner k. k. Gymnasiums durch 8 Stunden wöchentlich.

Franz **Betha**, wirkte als Assistent beim Unterrichte im Freihandzeichnen und leitete den Modellirunterricht.

B. Diener.

Franz **Kubik**, prov. Schuldiener.
Josef **Faltys**, Aushilfsdiener.

II. Lehrverfassung.

(Die eingeklammerten Zahlen geben die wöchentliche Stundenzahl.)

I. Klasse.

Ordinarius: I. Abtheilung: Karl **Wihlidal**.
II. Abtheilung: Heinrich **Rotter**.

Religionslehre: Die katholische Glaubenslehre und Wiederholung der biblischen Geschichte des A. T. (2).

Deutsche Sprache: Die Wortarten, Flexion des Verbums und Nomens, Uebersicht der Satzformen in Musterbeispielen aus dem Lesebuche. Sprech-,

Lese- und Schreibübungen, letztere vorherrschend orthographischer Art. Memoriren erklärter Lesestücke. Mündliches und schriftliches Wiedergeben einfacher Erzählungen oder kurzer Beschreibungen. In jedem Monate zwei Hausaufgaben und eine Schularbeit (5).

Geographie: Fundamentalsätze des geographischen Wissens, soweit dieselben zum Verständnis der Karte unentbehrlich sind und in sinnlich-anschaulicher Weise erörtert werden können. Uebersichtliche Beschreibung der Erdoberfläche nach ihrer natürlichen Beschaffenheit und mit Rücksicht auf ihre Eintheilung nach Völkern und Staaten. Kartenlesen und Kartenzeichnen. (3).

Arithmetik: Dekadisches Zahlensystem. Die Grundrechnungen mit unbenannten und einnamig benannten Zahlen, ohne und mit Decimalbrüchen, Grundzüge der Theilbarkeit, grösstes gemeinschaftliches Maas und kleinstes gemeinschaftliches Vielfache. Gemeine Brüche. Verwandlung derselben in Dezimalbrüche und umgekehrt. Rechnen mit mehrnamig benannten Zahlen. Hausaufgaben nach Erforderniss, alle 6 Wochen eine Schularbeit. (4).

Formenlehre und Freihandzeichnen: Elemente der Formenlehre, nämlich Begriffe und Eigenschaften der geometrischen Grundgebilde; d. i. der Geraden, der Kreislinie, der Winkel, der Drei-, Vier- und Vielecke, der Ellipse und Ovallinie, ferner der einfachsten geometrischen Körper.

Parallel damit das Zeichnen der ebenen geometrischen Gebilde, des geometrischen Ornamentes und schliesslich die Elemente des Flachornamentes (6).

Naturgeschichte: Nach Pokorny's illustrirter Naturgeschichte im 1. Semester: Wirbelthiere; 2. Semester: Wirbellose Thiere (3).

Kalligraphie: Heranbildung einer leserlichen und gefälligen Handschrift (2).

Turnen: Ordnungsübungen: Bilden der Reihe. Bilden des Reihenkörpers von Zweier-, Dreier- und Viererreihen. Oeffnen und Schliessen mit Fassungen. Reihen einfacher Art. Schwenken kleiner Reihen. Ziehen in geraden, gebogenen und Kreisbahnen. Freiübungen: Grundstellung, Schrittstellungen, Zehenstellung, Hockstellung. Bein-, Arm- und Rumpfübungen im Stehen, Gehen, Laufen und Hüpfen. Gehen. Laufen. Hüpfen auf beiden Beinen. Schrittarten. Viertel und halbe Drehung im Stehen. Dauerlauf. Geräthübungen: Uebungen, welche in dem vom hohen Minist. für Kultus und Unterricht approbirten Lehrplane für die 1. Klasse vorgeschrieben sind. Spiele (2).

II. Klasse.

Ordinarius: Andreas Muhr.

Religionslehre: Katholische Sittenlehre. Wiederholung der biblischen Geschichte des N. T. (2).

Deutsche Sprache: Vervollständigung der Formenlehre; Lehre vom nackten und bekleideten Satze auf Grundlage einer Schulgrammatik; Lektüre. Mündliche und schriftliche Reproduktion und Umarbeitung grösserer abgeschlossener Stücke aus dem Lesebuche. Memoriren erklärter poetischer und prosaischer Lesestücke. Alle 14 Tage eine Hausaufgabe, alle 4 Wochen eine Schularbeit (4).

Geographie und Geschichte: Specielle Geographie Asien's und Afrika's; eingehende Beschreibung des Bodengepräges und der Stromgebiete Europa's. Geographie des westlichen und südlichen Europa. — Uebersicht der Geschichte des Alterthums (4).

Arithmetik: Wiederholung der abgekürzten Multiplikation und Division mit dekadischen Zahlen. Das Wichtigste aus der Mass- und Gewichtskunde, aus dem Geld- und Münzwesen. Mass-, Gewichts- und Münzreduction. Lehre von den Verhältnissen und Proportionen. Kettensatz, Procent, einfache Zins-, Discont- und Durchschnittsrechnung; Theilregel. — Hausaufgaben nach Erforderniss, alle 6 Wochen eine Schularbeit (3).

Geometrie und geometr. Zeichnen: Die unbegränzte Gerade und die Strecke; Winkellehre; Symetrie und Congruenz ebener Figuren; Eigenschaften des Kreises, Lage der Geraden zum Kreise, Winkel im Kreise, gegenseitige Lage zweier Kreise. — Erklärung der Requisiten zum Linearzeichnen, Gebrauch derselben. Uebungen in den wichtigsten planimetrischen Constructionen mit angemessener Rücksicht auf das constructive Ornament (3).

Naturgeschichte: Nach Pokorny's illustrirter Naturgeschichte im 1. Semester: Mineralogie, im 2. Semester: Botanik (3).

Freihandzeichnen: Zeichnen räumlicher geometrischer Gebilde aus freier Hand nach perspectivischen Grundsätzen, durchgeführt an passenden Draht- und Holzmodellen in nachstehender Reihenfolge: Gerade und krumme Linien, Polygone, Kreise, stereometrische Körper und deren Combinationen; einfache technische Objecte. Parallel damit das Zeichnen des Flachornamentes nach dem Vorbilde an der Schultafel (4).

Kalligraphie: Ausbildung einer gefälligen Handschrift (2).

Turnen: Ordnungsübungen: Reihen einfacher Art im Stehen, Gehen und Laufen an Ort. Vor- und Hinterreihen der Reihen. Oeffnen und Schliessen des Reihenkörpers. Schwenken. Winden. — Freiübungen: Hockstellung. Grätschstellung. Stellungswechsel. Armstossen. Armkreisen. Rumpfkreisen. Schrittarten. Gehen und Laufen mit Armthätigkeiten. Leichte Verbindungen und Wechsel einfacher Uebungen, Stabübungen. Dauerlauf. — Geräthübungen, welche in dem vom hohen Ministerium für Cultus und Unterricht approbirten Lehrplane für die 1. und 2. Klasse vorgeschrieben sind. Spiele (2).

III. Klasse.

Ordinarius: Franz **Krönes**.

Religionslehre: Erklärung der gottesdienstlichen Handlungen der katholischen Kirche (2).

Deutsche Sprache: Wiederholung der Lehre vom nackten und bekleideten Satze. Der zusammengezogene und zusammengesetzte Satz; Arten der Nebensätze, Verkürzung derselben; die Periode. Systematische Belehrung

über Orthographie und Zeichensetzung. Figuren der Form und des Inhalts. Lektüre. Memoriren. Aufsätze verschiedener Art, zum Theil sich anschliessend an den Unterricht in der Geschichte, Geographie und in den Naturwissenschaften. Alle 14 Tage eine Hausaufgabe, alle 4 Wochen eine Schularbeit (3).
Französische Sprache: Von der Aussprache. Conjugation der Hilfsverben. Verneinung. Verben I. Conjugation. Bildung der Mehrzahl. Artikel. Hinweisende und besitzanzeigende Adjectiva. Declination. Eigenschaftswort. Zurückbezügliche Fürwörter. Fragende und fragend verneinende Form des Zeitwortes. Hinzeigende Fürwörter. Verben II. Conjugation. Verbundene persönliche und alleinstehende persönliche Fürwörter. Zurückbeziehende Zeitwörter. Theilungsartikel. Zahlwort. Verben III. Conjugation. Frage-Fürwort. Frage-Adjectiv. Declination des bezüglichen Fürwortes. Verben IV. Conjugation. (Nach Maguin-Dillmann I. Theil). Alle 14 Tage eine Schularbeit, Uebersetzungen oder Dictées. Zwei Hausarbeiten wöchentlich (5).

Geographie und Geschichte: Specielle Geographie des östlichen und nördlichen Europa und namentlich Deutschlands. — Uebersicht der Geschichte des Mittelalters mit besonderer Hervorhebung der vaterländischen Momente (4).

Arithmetik: Einführung in die vier ersten Grundoperationen mit allgemeinen Zahlen. Erhebung eines Binoms auf die zweite und dritte Potenz, Ausziehung der Quadrat- und Kubikwurzel aus besonderen Zahlen. Wiederholung und Durchübung des bisher behandelten arithmetischen Lehrstoffes an passenden Aufgaben. Zinseszinsenrechnung. — Hausaufgaben nach Erforderniss, alle 6 Wochen eine Schularbeit (3).

Geometrie und geometr. Zeichnen: Fortsetzung der Planimetrie; Messen und Proportionalität der Strecken; Aehnlichkeit geradliniger ebener Gebilde; Berechnung des Flächeninhalts ebener Figuren; einfache Fälle von Verwandlung und Theilung derselben. Grundsätze der Stereometrie in Bezug auf die gegenseitige Lage der Geraden und Ebenen im Raume; Eigenschaften der wichtigsten Körper und Darstellung derselben im Grund- und Aufriss und ihrer Netze; Berechnung der Oberfläche und des körperlichen Inhalts (3).

Physik: Experimentalphysik: Allgemeine Eigenschaften der Körper, Wärme, Elektricität, Magnetismus (3).

Freihandzeichnen: Uebungen im Ornamentzeichnen nach Entwürfen des Lehrers an der Schultafel, ferner nach farblosen wie auch polychromen Musterblättern, wobei die Schüler in passender Weise über die Stilart des Ornaments belehrt wurden. Studien nach plastischen Ornamenten, wie auch fortgesetzte perspectivische Darstellungen technischer Objecte. Gedächtnis-Zeichnungsübungen (4).

Turnen: Reihen der Einzelnen zu Vierer- und Sechserreihen im Gehen und Laufen von Ort. Viertel und halbe Windung der Reihen und Rotten im geöffneten Reihenkörper. Reihen zweiter Art. Schwenken im Gehen und Laufen von Ort. Freiübungen: Grätschstellung. Ausfallstellung. Arm-, Bein- und Rumpfübungen in den genannten Stellungen. Schritt- und Laufarten im Wechsel. Uebungsgruppen theils ohne theils mit Belastung von

Hanteln. Eisenstabübungen. Dauerlauf. Drehungen im Gehen, Laufen und Hüpfen. — Geräthübungen: Uebungen, welche in dem vom hohen Minist. für C. und U. approbirten Lehrplane für die 2. Klasse vorgeschrieben sind.

IV. Klasse.

Ordinarius: Dr. Adolf **Hromada**.

Religionslehre: Nothwendigkeit der Offenbarung, Göttlichkeit des Christenthums, Wahrheit der katholischen Kirche (2).

Deutsche Sprache: Zusammenfassender Abschluss des gesammten grammatischen Unterrichtes; Zusammenstellung von Wortfamilien mit Rücksicht auf Vieldeutigkeit und Verwandtschaft der Wörter gelegentlich der Lektüre; das wichtigste aus der Prosodie und Metrik. Lektüre mit Benützung des Lesestoffes zur Kenntnis antiker und germanischer Mythen. Memoriren. Aufsätze mit Berücksichtigung der im bürgerlichen Leben am häufigsten vorkommenden Geschäftsaufsätze. Alle 14 Tage eine Hausaufgabe, alle 4 Wochen eine Schularbeit (3).

Französische Sprache: Formenbildung der regelmässigen Verben der vier Conjugationen; einfache und zusammengesetzte Zeiten. Bildung der leidenden Form. Pronoms personnels conjoints. Construction des Frage- und eingeschobenen Satzes. Vom Theilungsartikel. Adjectif und Adverbe. Regelmässige und unregelmässige Steigerung. Quantitätsbegriffe. Persönliches Fürwort beim Imperatif: Unregelmässiger Plural. Cent und vingt Grund- und Ordnungszahl. Bezügliche und hinzeigende Fürwörter. Frageconstruction. Stellung der verbundenen persönlichen Fürwörter als Objecte. Participe passé. Die gebräuchlichsten unregelmässigen Verben. Alle 4 Wochen eine Schularbeit; Hausarbeiten nach Bedarf. Lecture kleiner Prosastücke aus Ploetz Elementargrammatik (4).

Geographie und Geschichte: Spezielle Geographie der österreichisch-ungarischen Monarchie, Umrisse der Verfassungslehre. Geographie Amerika's und Australiens. Uebersicht der Geschichte der Neuzeit mit eingehenderer Behandlung der Geschichte der österreichisch-ungarischen Monarchie (4).

Mathematik: Wissenschaftlich durchgeführte Lehre von den vier ersten Grundoperationen mit allgemeinen Zahlen. Grösstes gemeinschaftliches Mass und kleinstes gemeinschaftliches Vielfaches. Lehre von den gemeinen Brüchen. Gleichungen des ersten Grades mit einer und mit mehreren Unbekannten. Auflösung der sogenannten Wortgleichungen. Wiederholung und Durchübung des bisher behandelten arithmetischen Lehrstoffes an passenden Aufgaben. Hausaufgaben nach Erfordernis, alle sechs Wochen eine Schularbeit (3).

Geometrie und geometrisches Zeichnen: Die algebraischen Grundoperationen auf graphischem Wege mit Anwendung auf Aufgaben über Flächentheilung und Verwandlung ebener Figuren. Bestimmung der Lage eines Punktes in der Ebene und deren Anwendung auf praktische Fälle. Constructionslehre der wichtigsten ebenen Curven (Kegelschnittslinien, Wälzungslinien, Spiralen) (3).

Physik: Experimentalphysik: Statik und Dynamik fester, tropfbarer und ausdehnsam flüssiger Körper; Schall, Licht (3).

Chemie: Uebersicht der wichtigsten Grundstoffe und ihrer für das praktische Leben belangreichsten Verbindungen (3).

Freihandzeichnen: Uebungen im Ornamentzeichnen nach Entwürfen des Lehrers an der Schultafel wie auch nach Musterblättern. Studien nach plastischen Ornamenten, so wie nach geeigneten schwierigeren ornamentalen Musterblättern. Gedächtnisszeichnungsübungen, wie auch fortgesetzte perspectivische Darstellungen geeigneter technischer Objecte (4).

Turnen: Ordnungsübungen: Reihen der Zweier-, Dreier- und Viererreihen im Gehen und Laufen von Ort. Schwenken grösserer Reihen. Walzschwenken. Freiübungen: Ausfallstellungswechsel. Einbeinige Stellungen. Uebungsgruppen, theils ohne, theils mit Belastung von Hanteln. Eisenstabübungen. Dauerlauf. Geräthübungen: Uebungen, welche in dem vom hohen Minist. für Cultus und Unterricht approbirten Lehrplane für die 3. Klasse vorgeschrieben sind. Spiele (2).

V. Klasse.

Ordinarius: Emanuel Czuber.

Deutsche Sprache: Gedrängte Erläuterung des Wesens, der Formen und Arten der Poesie, sowie der vorzüglichsten prosaischen Darstellungsformen im Anschlusse und auf Grund der Lektüre. Charakteristische Abschnitte aus der altklassischen Literatur. Uebungen im Vortragen prosaischer und poetischer Schriftstücke. Aufsätze konkreten Inhaltes im Anschlusse an die Lektüre und an das in anderen Disciplinen Gelernte, mit besonderer Anleitung zu richtigem Disponiren auf dem Wege der Analyse von Musteraufsätzen und bei Gelegenheit der Vorbereitung und Durchnahme der schriftlichen Arbeiten. Alle 14 Tage eine Hausaufgabe, alle 4 Wochen eine Schularbeit (3).

Französische Sprache: Der im Vorjahre nach der Schulgrammatik von Plötz vorgenommene Lehrstoff wurde gründlich wiederholt, namentlich die unregelmässigen Verben. Daran schloss sich die Lehre von den reflexiven und unpersönlichen Verben. Hierauf wurde das Substantiv und Adjectiv eingehend behandelt. Die Lektüre wurde auf Grund der „Lectures choisies" fortgesetzt. Sprach- und Deklamirübungen. Jeden Monat eine Schularbeit, Hausarbeiten nach Erfordernis (3).

Geographie und Geschichte: Geschichte des Alterthums mit Berücksichtigung der mit ihr im Zusammenhange stehenden geographischen Daten und mit besonderer Hervorhebung kulturhistorischer Momente (3).

Mathematik: A. Algebra. Zusammenfassende Wiederholung des bisher behandelten Lehrstoffes aus der allgemeinen Arithmetik. Die Zahlensysteme überhaupt und das dekadische insbesondere. Theilbarkeit der Zahlen. Decimalbrüche. Potenzen und Wurzelgrössen. Imaginäre und komplexe Zahlen und die vier Grundoperationen mit denselben. Verhältnisse, Proportionen, Logarithmen (3).

B. Geometrie, Planimetrie, wöchentlich 2 Stunden.

Hausarbeiten nach Erforderniss, alle 6 Wochen eine Schularbeit.

Darstellende Geometrie: Orthogonale Projektionslehre: Punkt, Gerade, Ebene; gegenseitige Beziehung zwischen diesen drei Elementen, geübt an passenden Aufgaben (unter steter Hinweisung auf die zugehörigen stereometrischen Lehrsätze) (3).

Naturgeschichte: Anatomisch-physiologische Grundbegriffe des Thierreiches mit besonderer Rücksicht auf die höheren Thiere; Systematik der Thiere (3).

Chemie: Chemische Gesetze. Metalloide; leichte Metalle (3).

Freihandzeichnen: Fortgesetzte Uebungen im Ornamentzeichnen und freie Wiedergabe der Zeichnungsobjecte aus dem Gedächtnisse nach Massgabe der Zeit und Fähigkeit des Schülers. Die Proportion des menschlichen Kopfes und Gesichtes wurde besprochen und nach den Vorzeichnungen des Lehrers an der Schultafel in Contouren eingeübt. Kopf- und Gesichtsstudien nach geeigneten Modellen (4).

Turnen: Ordnungsübungen: Reihen, Schwenken, Winden im Wechsel. Oeffnen nach zwei Richtungen. Schwenken des Reihenkörpers. Bilden der Züge durch Reihen. Freiübungen: Auslagestellung. Einbeinige Stellungen. Uebungsgruppen. Uebungsketten theils ohne, theils mit Belastung von Hanteln. Eisenstabübungen. Dauerlauf. Geräthübungen: Uebungen, welche in dem vom hohen Minist. für Kultus und Unterricht approbirten Lehrplane für die 4. Klasse vorgeschrieben sind. Spiele. (2).

VI. Klasse.

Ordinarius: Emanuel **Reinisch**.

Deutsche Sprache: Lektüre einer Auswahl aus dem mittelhochdeutschen Volksepos und aus Walther von der Vogelweide nach Uebersetzungen unter Hervorhebung der unterscheidenden Merkmale der mittelhochdeutschen und neuhochdeutschen Sprachgesetze. Ueberblick über die deutsche Literatur von ihren ersten Anfängen bis zum Schlusse des 14. Jahrhunderts mit Hervorhebung des Nibelungen- und Gudrun-Sagenkreises. Kurze Uebersicht der Literaturgeschichte vom Schlusse des 14. bis zur Mitte des 18. Jahrhunderts. Lektüre grösserer Schriftwerke und ganzer Dramen aus der klassischen Literaturperiode. — Uebungen im Vortragen prosaischer und poetischer Schriftstücke. Aufsätze wie in der V. Klasse mit angemessener Steigerung der Forderung eigener Production. Alle 3 Wochen eine Hausaufgabe, alle 6 Wochen eine Schularbeit. (3).

Französische Sprache: Da die Schüler dieser Klasse das Französische erst in der III. Klasse begonnen haben, so konnte noch nicht, nach dem vorgeschriebenen Lehrplane mit dem grammatischen Unterrichte abgeschlossen werden, sondern es wurde eine ergänzende Wiederholung der Grammatik vorgenommen. Gesorgt wurde für Vermehrung des Sprachschatzes durch Lektüre ausgewählter Werke der französischen Literatur, verbunden mit kurzen biographischen Notizen über die betreffenden Schriftsteller. Sprechübungen im Anschluss an die Lektüre. Haus- und Schularbeit wie in V. (3).

Geographie und Geschichte: Geschichte des VI. bis XVII. Jahrhundertes (3).

Mathematik: A. Algebra: Kettenbrüche. Quadratische Gleichungen mit einer Unbekannten. Exponentialgleichungen. Diophantische Gleichungen. Arithmetische und geometrische Progressionen. Zinseszinsenrechnung. Combinationslehre. Binomischer Lehrsatz (3). B. Goniometrie: Geometrie, ebene Trigonometrie, Stereometrie. (3). Hausarbeiten nach Erforderniss, alle 6 Wochen eine Schularbeit.

Darstellende Geometrie: Das körperliche Dreieck, Projektionen von ebenbegränzten Körpern; Schnitte von Körpern mit Ebenen, gegenseitige Schnitte ebenbegränzter Körper. Das Nothwendigste über Darstellung krummer Linien; Erzeugung und Darstellung der wichtigsten in der Praxis häufig vorkommenden krummen Flächen (3).

Naturgeschichte: Anatomisch-physiologische Grundbegriffe des Pflanzenreiches. Systematik der Pflanzen unter Hervorhebung der wichtigsten Familien (2).

Physik: Allgemeine Eigenschaften der Körper, sogenannte Wirkungen der Molekularkräfte, Mechanik, Akustik (4).

Chemie: Schwere Metalle. Cyanverbindungen, Kohlenhydrate und ihre nächsten Derivate (2).

Freihandzeichnen: Fortgesetzte Uebungen im Ornamentzeichnen, freie Wiedergabe des kurz vorher Gezeichneten aus der Erinnerung, Studien nach antiken und modernen Gypsköpfen. Ergänzender Unterricht über die Stilarten (2).

Turnen: Ordnungsübungen: Bilden der Züge. Verdoppeln der Rotten im Gehen und Laufen. Aufmärsche. Freiübungen: Uebungsgruppen mit Hanteln und Eisenstab. Dauerlauf. Geräthübungen: Uebungen, welche in dem vom hohen Minist. für Cultus und Unterricht approbirten Lehrplane für die 5. Klasse vorgeschrieben sind (2).

VII. Klasse.

Ordinarius: Dr. Vincenz **Suchomel**.

Deutsche Sprache: Darstellung des Wichtigsten aus der Literaturgeschichte der zweiten Hälfte des 18. Jahrhunderts und der ersten Hälfte des 19. Jahrhunderts (mit besonderer Berücksichtigung Lessing's, Schiller's und Göthe's), vermittelt durch biographische Mittheilungen und Literaturbilder, mit Zugrundelegung der Lektüre; ausserdem noch Shakespeare's

„Cäsar." Redeübungen und freie Vorträge. Aufsätze und Termine der schriftlichen Arbeiten wie in der VI. Klasse (3).

Französische Sprache: Lektüre ausgewählter Werke der französischen Literatur, verbunden mit biographischen Notizen über die betreffenden Autoren. Schriftliche Uebungen fortschreitend bis zur Ausarbeitung leichter französischer Aufsätze. Sprechübungen im Anschlusse an die Lektüre, Memoriren. — Termine der Haus- und Schularbeiten wie in der V. Klasse (3).

Geographie und Geschichte: Geschichte des XVIII. und XIX. Jahrhunderts in derselben Behandlungsweise. — Kurze Uebersicht der Statistik Oesterreich-Ungarns mit Hervorhebung der Verfassungsverhältnisse (3).

Mathematik: Grundlehren der Wahrscheinlichkeitsrechnung mit Anwendung auf eine Mortalitätstafel. Das Wichtigste über arithmetische Reihen höherer Ordnung mit Rücksicht auf das Interpoliren (2).

Sphärische Trigonometrie mit Anwendung auf Aufgaben der Stereometrie und der sphärischen Astronomie.

Analytische Geometrie der Ebene und zwar analytische Behandlung der Geraden, des Kreises und der Kegelschnittslinien. — Wiederholung des arithmetischen und geometrischen Lehrstoffs der Oberklassen mittelst zahlreicher Uebungsaufgaben. Schriftliche Arbeiten wie in der V. Klasse (3).

Darstellende Geometrie: Ebener Schnitt der wichtigsten krummen Flächen, Tangentialebenen an krumme Flächen. Einfache Aufgaben über Schattenbestimmung bei parallelstrahliger Beleuchtung.

Centralprojection (Perspektive) in ihrer Beschränkung auf das Wesen und die Construction elementarer Aufgaben. Recapitulation des Lehrstoffes mittelst Aufgaben (3).

Naturgeschichte: Mineralogie, Elemente der Geologie (3).

Physik: Magnetismus, Elektricität, Wärme, Licht; Grundlehren der Astronomie. (4).

Chemie: Fortsetzung und Abschluss der organischen Chemie. — Zusammenfassende Wiederholung des gesammten chemischen Stoffes mit kurzer Andeutung der modernen chemischen Theorien (2).

Freihandzeichnen: Wie in VI.

Turnen: Ordnungsübungen, Freiübungen, Hantel- und Eisenstabübungen, Frei-, Sturm- und Stabspringen, Pferdspringen, wagrechte Leitern, senkrechte Leitern, Stangengerüst, Reck, Schaukelringe, Barren, Ziehen, Schieben, Heben, Tragen, Ringen, Turnspiele. (2).

III. Verzeichnis der Lehrbücher, welche im Schuljahre 1878—79 im Gebrauche waren.

Gegenstand	Klasse	Titel der Bücher
Religionslehre	I., II.	Fischer Franz, kathol. Religionslehre
	III.	Hafenrichter, Liturgik zum Gebrauche an Gymnasien und anderen Lehranstalten.
	IV.	Frind, die katholische Apologetik.
Deutsche Sprache	II.—IV.	Bauer Fried., Grundzüge der neuhochdeutschen Grammatik.
	I.—IV.	Neumann A. und Gehlen O., deutsches Lesebuch, I.—IV. Bd.
	V.	Jauker K. und Noé H., deutsches Lesebuch für die oberen Klassen der Realschulen, I. Theil.
	VI.	Egger A., deut. Lehr- und Lesebuch, II. Th. I. Bd.
	VII.	dto. dto. II. Th. II. Bd.
Französische Sprache	III.	Magnin-Dillmann, praktischer Lehrgang zur Erlernung der französischen Sprache, I. Theil.
	IV.	Plötz Dr. K., Elementargrammatik der französischen Sprache.
	IV.	Filek von Wittinghausen Dr. E., französische Chrestomathie für höhere Lehranstalten.
	V., VI., VII.	Plötz, Lectures choisies.
	V., VI., VII.	Plötz Dr. K., Schulgrammatik der französischen Sprache.
Geografie und Geschichte	I.—IV.	Herr Gust., Lehrbuch der vergleichenden Erdbeschreibung.
	I.—IV.	Stieler's und Kozenn's Schulatlas der neuesten Erdkunde.
	II.	Gindely Dr. A., Lehrbuch der allgemeinen Geschichte für die unteren Klassen der Mittelschule, I. Theil.
	III.	dto. dto. II. Theil.
	IV.	dto. dto. III. Theil.
	V.	Gindely Dr. A., Lehrbuch der allgemeinen Geschichte für Oberrealschulen, I. Bd.
	VI., VII.	dto. dto. II. und III. Bd.
	II.	Putzger F. W., Historischer Schulatlas.
	III.—VII.	Rhode, Historischer Schulatlas
Mathematik	I.	Villicus Fr., Lehr- und Übungsbuch der Arithmetik für Unterrealschulen.
	II., III.	Močnik Fr. Dr., Lehr- und Übungsbuch der Arithmetik für Unterrealschulen.
	I.	Streissler Jos., Die geometr. Formenlehre, I. Abth.
	II.—IV.	dto. dto. II. Abth.
	IV.	Haberl Jos., Lehrbuch der allgemeinen Arithmetik und Algebra.
	IV.	Heiss Dr. E., Sammlung von Beispielen aus der allg. Arith. und Algebra.
	V.	Wittstein Dr. Th., Lehrbuch der Elementar-Mathematik, I Bd. Planimetrie.
	VI., VII.	Salomon Dr. Jos., Lehrbuch der Elementar-Mathematik für Oberrealschulen, I Bd. Algebra, II. Bd. Geometrie.
	V.—VII.	Regner J., Sammlung von Aufgaben.
Darstellende Geometrie	V.—VII.	Streissler Jos., Grundzüge der darstellenden Geometrie.

Gegenstand	Klasse	Titel der Bücher
Naturgeschichte	I. II. V. VI. VII.	Pokorný, Illustrirte Naturgeschichte, I. Theil. dto. dto. II. und III. Th. Woldřich Dr. Joh., Leitfaden der Zoologie. Wretschko, Vorschule der Botanik. Hochstädter und Bisching, Lehrbuch der Mineralogie und Geologie.
Physik	III., IV. VI. VII.	Krist Dr. J., Anfangsgründe der Naturlehre. Handl Dr. Al., Lehrbuch der Physik. Münch Peter, Lehrbuch der Physik.
Chemie	IV. V., VI. VI., VII.	Kauer A. Dr., Elemente der Chemie gemäss der neueren Ansichten für Realgymnasien und Unterrealschulen. Lorscheid J., Lehrbuch der anorganischen Chemie. dto. dto. organischen dto.
Böhmische Sprache	I., II. II.—V. III., IV. VI., VII.	Masařík Jos., Böhmische Grammatik für deutsche Mittelschulen. Tieftrunk's böhm. Lesebuch für Deutsche, I. und II. Thl. Faltys W., Böhmisches Sprachbuch für Deutsche. Jireček, Anthologie literatury české, III. Th.
Englische Sprache	V.—VII.	Schmidt J. Dr., Elementarbuch der engl. Sprache. Lüdeking H. Dr., englisches Lesebuch.
Stenografie	IV.—VII.	Kühnelt, Lehrbuch der deutschen Stenografie.
Gesang		Jensen's Liederborn.

IV. Themata zu den Aufgaben aus der deutschen Sprache.

A. In der V. Klasse.

1. Die Zeit, ein kostbares Gut. — 2. Ueber den elegischen Charakter des Herbstes. — 3. Warum ist mir meine Heimat so lieb? — 4. Was zieht uns in die Ferne? — 5. Die Ruine. — 6. Bedeutung der Glocke für das menschliche Leben. — 7. Welche Vorzüge hat ein Küstenland vor einem Binnenlande? — 8. Ueber den Wert der Geschichte. — 9. Welche Umstände begünstigten den Handel der Phönizier? — 10. Die beiden Gedichte „der Graf von Habsburg" von Schiller und „die Kaiser-Eichen" von Proschko sind nach Inhalt und Form mit einander zu vergleichen. — 11. Welchen Nutzen bringt uns das Lesen guter Bücher? — 12. Auch der Winter hat seine Freuden. — 13. Der Schild des Achilles. (Nach Homer XVIII. 423—617). — 14. Der Arme. — 15. Dritte Rede des Demosthenes gegen Philipp, (Inhaltsangabe). — 16. Alexander d. Gr. (historisches Charakterbild). — 17. Italien, der Garten Europa's. — 18. Eine Ueberschwemmung. — 19. Der Lenz und seine Gäste. — 20. Welche Ursachen führten die erste Blüteperiode der deutschen Literatur herbei? — 21. Lob des Ackerbaues. (Nach Schillers Gedicht „das Eleusische Fest.") — 22. Die Weltalter. (Nach

Ovid's „Metamorphosen.") — 23. Unsere Schulfeier am 24. April 1879. — 24. Böhmens Gebirge und ihre Bedeutung für Land und Volk. — 25. In welcher Weise förderten die österr. Herzöge den Minnegesang? — 26. Markgraf Rüdiger von Bechlarn. (Charakterbild nach dem Nibelungenliede). — 27. Warum konnte Octavianus Augustus die röm. Republik so leicht stürzen? — 28. Der Morgen im Walde. — 29. Ein gut Gewissen ist ein sanftes Ruhekissen. — 30. Erinnerung und Hoffnung, zwei Hauptquellen der Freuden des Menschen.

B. In der VI. Klasse.

1. Wie schildert der Dichter die Jungfrau von Orleans, welche Schuld lässt er sie auf sich laden und wie sühnt sie diese?
2. Welche Umstände vereinigen sich von der Mitte des zwölften Jahrhundertes an zur raschen Entwickelung der deutschen Literatur?
3. Gudrun's Befreiung aus ihrer Gefangenschaft. (Nach dem Gudrunliede).
4. „Kindliche Erinnerungen ziehen mit klingendem Spiele durch die Seele." Heine.
5. Erläuterung des Gellert'schen Liedes:
   „Des Lasters Bahn ist anfangs zwar
   Ein breiter Weg durch Auen,
   Allein sein Fortgang bringt Gefahr,
   Sein Ende Nacht und Grauen."
6. Auf welchen Grundlagen beruht Englands Macht?
7. Wodurch trägt ein Fluss zur Verschönerung einer Landschaft bei?
8. Ursachen und Folgen der Auswanderung.
9. Welchen Einfluss haben die Kreuzzüge insbesondere auf die Freiheit geübt?
10. Welches ist die stärkste Waffe der Menschheit: Schwert, Zunge oder Feder?
11. Wallenstein's Heer. Eine Schilderung nach Schiller's „Wallensteins Lager."
12. Ein Zug aus der Jugendzeit Rudolfs von Habsburg.
13. Das Leben auf einem Bahnhofe.
14. Dorothea's Abschied von den Ihrigen. (Nach Göthe's Hermann und Dorothea).
15. „Sich selbst bekämpfen ist der schwerste Krieg,
    Sich selbst besiegen ist der schönste Sieg."
16. Welchen Antheil hatten die Länder des österreichischen Kaiserstaates an den hervorragendsten Ereignissen des Mittelalters?
17. Wer mutig für das Vaterland gefallen,
    Der baut sich selbst ein ewig Monument
    Im treuen Herzen seiner Landesbrüder,
    Und dies Gebäude stürzt kein Sturmwind nieder.
                                               Körner.
18. Die Jahreszeiten, ein Bild der vier Lebensalter.

C. In der VII. Klasse.

1. Die Dichtkunst eine Bildnerin der Menschheit.
2. Ueber die Ähnlichkeiten in den Wirkungen zweier der grössten Erfindungen: des Schiesspulvers und der Buchdruckerkunst.
3. Der Krieg hat auch seine Ehre, der Beweger des Menschengeschickes.
4. Inhaltsangabe des Coriolanus von Shakespeare.
5. Welche Vorzüge gewährt einem Lande die Begrenzung durch das Meer?
6. Lob der Musik.
7. Welche Folgen hat die Entdeckung Amerikas für Europa gehabt?
8. Deutung der Göthe'schen Ballade: „Der Zauberlehrling" nebst Anwendung ihres Sinnes auf das Leben und die Geschichte.
9. Die Schweiz und die Niederlande in ihren geografischen Gegensätzen.
10. Durch welche Ursachen entstehen die Veränderungen der Erdoberfläche?
11. Welches sind die edelsten Freuden des Jünglings?
12. Welche Idee liegt dem Schiller'schen Gedichte: „Der Ring des Polykrates" zu Grunde?
13. Sage mir, mit wem du umgehst, und ich sage dir, wer du bist.
14. Wen das Schicksal drückt, den liebt es,
    Wem's entzieht, dem will's vergelten.
    Wer die Zeit erharret, siegt.   Herder.
15. Welche Bedeutung hatte die Regierung der Kaiserin Maria Theresia für Oesterreich?
16. Österreich durch Jahrhunderte ein Bollwerk des Abendlandes gegen die Türken.
17. Kann uns zum Vaterland die Fremde werden?

(Maturitätsprüfungs-Arbeit).

V. Freie Gegenstände.

A. Böhmische Sprache:

I. Klasse. Das Nöthigste aus der Lehre vom Nomen, Adjectivum, Pronomen und des Verbs. Einübung der Formen auf der Tafel, Uebungen im Diktandoschreiben und Uebersetzungen aus Masařik's böhm. Grammatik für deutsche Mittelschulen. Hausaufgaben nach Erfordernis und jeden Monat eine Schularbeit. (4).

II. Klasse. Fortsetzung der Formenlehre der flexiblen Redetheile. Die inflexiblen Redetheile. Uebungen in der Orthographie. Memoriren von Vocabeln, Uebersetzungen aus Faltys Sprachbuch und eine Auswahl von Uebersetzungen aus dem böhm. Lesebuche nach Tieftrunk. Hausaufgaben nach Erfordernis, alle 4 Wochen eine Schularbeit. (4).

III. Klasse. Wiederholung der Declinationen und Conjugationen. Casus-, Tempus- und Moduslehre. Das Nöthige aus der Syntax. Lektüre aus Tieftrunk's Lesebuch I. Theil und Uebersetzungen ausgewählter Lesestücke aus demselben. Uebersetzungen aus Faltys Sprachbuch. Uebungen im Vortragen ausgewählter Gedichte. Alle 4 Wochen eine Haus- und Schularbeit. (4).

IV. Klasse. Wiederholung und systematische Ergänzung des gesammten grammatischen Unterrichtes. Uebersetzungen ex abrupto. Lektüre aus Tieftrunk's Lesebuch II. Rezitirübungen und Aufsätze über Gelesenes und Gehörtes. Declamationsübungen. Alle 4 Wochen eine Haus- und Schularbeit. (3).

V. Klasse: Freie Uebersetzungen. Lektüre aus Tieftrunk's Lesebuch II. Erklärung der betreffenden Lesestücke. Prosodie und Metrik. Deklamationsübungen. Alle 4 Wochen eine Haus- und Schularbeit.

VI. und VII. Klasse. Literaturgeschichte bis zum 17. Jahrhundert und die neue Periode des 19. Jahrhunderts mit Lesestücken aus derselben. Uebersetzungen aus Lessing's „Hamburgische Dramaturgie" und einiger Lesestücke aus dem deutschen Lesebuche. Aufsätze über Gelesenes. Alle 4 Wochen eine Haus- und Schularbeit. (3).

B. Englische Sprache:

1. Gruppe. (V. Klasse). Die Lehre von der Aussprache. Die Formenlehre einschliesslich der wichtigsten unregelmässigen Verben. Schriftliche und mündliche Einübung des Lehrstoffes. Lektüre leichterer Lesetücke. Alle 14 Tage eine Schularbeit. (2).

II. Gruppe (VI. und VII. Klasse). Wiederholung der Formenlehre. Die wichtigsten Lehren der Syntax. Lektüre erzählender und beschreibender Prosa. Memoriren erklärter Lesestücke. Alle 6 Wochen eine Schularbeit. (2).

C. Stenographie:

I. Abtheilung: Wortbildungslehre und die Siegel. Wortkürzungslehre bis zur Satzkürzung mit Einschluss von Schreibübungen. (2).

II. Abtheilung: Fortsetzung der Wortkürzungslehre und Siegel. Satzkürzungslehre mit Einschluss der Kammersiegel, das Allgemeinste über die logische Kürzung nebst Schreib- und Leseübungen. (1).

D. Gesang:

I. Abtheilung. Theorie. Noten und Schlüsselkenntnis. Zeitdauer der Noten. Kenntnis der Pausen. Ueber Rhythmus und Takt. Die wichtigsten rhytmischen Formen. Die gebräuchlichsten Taktarten. Intervallenlehre.

Praktische Uebungen. Tonbildung. Treffübungen auf Grundlage der C-Durtonleiter und der leitereigenen Intervalle. Rhytmische Uebungen. Einstimmige Lieder. Vorübungen für den zweistimmigen Gesang. Zweistimmige Lieder. (2).

II. Abth.: Theorie: Wiederholung der Intervallenlehre. Bildung der Dur- und Molltonleitern. Ueber das Tempo und seine Bezeichnung. Dynamische Vortragszeichen. Der Dreiklang und seine Lagen. Der Dominantseptimakkord, seine Lagen und seine Auflösung.

Praktische Uebungen: Vorübungen für den drei- und vierstimmigen Gesang. Gemischte Quartette, Männerquartette. (1).

E. **Analytische Uebungen im chemischen Laboratorium:**

Von den zahlreichen Schülern, welche sich um die Aufnahme ins Laboratorium bewarben, konnten wegen des sehr geringen Raumes nur 5 aufgenommen werden. Die Arbeiten beschränkten sich auf qualitative Analysen und liess der Fleiss und die Vorliebe der Zöglinge für den Gegenstand recht befriedigende Resultate erzielen.

F. **Modelliren:**

Modellirt wurden von 6 Schülern der VI. und VII. Klasse Ornamente diverser Stilarten nach vorgesetzten Modellen, später nach Zeichnungen. Die in Thon ausgeführten Modelle wurden in Gyps abgegossen.

VI. Statistische Notizen.

	Klasse								
	Ia	Ib	II	III	IV	V	VI	VII	Summe
1. Zahl der Schüler:									
Oeffentliche Schüler am Aufange des Schuljahres	34	37	52	49	49	54	32	29	336
Privatisten am Anfange des Schuljahres	2	2	—	1	—	—	—	—	5
(Ausserord. Schüler am Anfange des Schuljahres.)	—	—	—	—	—	—	—	—	—
(Oeffentl. Schüler am Schlusse des Schuljahres.)	32	35	52	51	47	49	31	28	325
Privatisten am Schlusse des Schuljahres	2	2	—	1	1	—	1	—	7
(Ausserord. Schüler am Schlusse des Schuljahres)	—	—	—	—	—	—	—	—	—
2. Vaterland.									
Ortsangehörige	12	12	18	28	19	17	8	12	126
Böhmen (auswärtige)	22	35	34	24	29	28	21	15	208
Mähren	—	—	—	—	1	2	—	—	3
Ungarn	—	—	—	—	2	—	—	—	2
Siebenbürgen	—	—	—	—	—	—	—	1	1
Deutschland	—	—	—	—	—	1	—	—	1
Frankreich	—	—	—	—	1	—	—	—	1
3. Religionsbekenntnis.									
Katholiken	15	25	34	36	33	33	24	19	219
Protestanten	—	1	—	1	—	4	1	—	7
Israeliten	19	11	18	15	15	12	7	9	106
4. Muttersprache.									
Deutsche	17	21	35	24	36	23	20	17	193
Čechen	17	15	17	25	12	24	12	11	123
Polen	—	—	—	—	—	—	—	—	—
Ungarn	—	—	—	1	—	1	—	—	2
Italiener	—	1	—	2	—	—	—	—	3
Engländer	—	—	—	—	—	1	—	—	1
5. Lebensalter am Schlusse des Schuljahres.									
11 Jahre alt	3	2	—	—	—	—	—	—	5
12 " "	7	13	2	—	—	—	—	—	22
13 " "	18	5	14	6	—	—	—	—	43
14 " "	3	9	17	15	5	—	—	—	49
15 " "	2	7	9	15	17	5	—	—	55
16 " "	1	1	8	7	15	13	2	—	57
17 " "	—	—	2	7	10	21	12	6	58
18 " "	—	—	—	2	1	8	9	6	26
19 " "	—	—	—	—	—	2	5	12	19
20 " "	—	—	—	—	—	—	4	4	8

	Klasse								
	I	II	III	IVa	IVb	V	VI	VII	Summa
6. Fortgang.									
a) Nachtragsprüfungen pro 1878 waren bewilligt	—	—	—	—	—	—	1	—	1
Hievon mit Erfolg abgelegt	—	—	—	—	—	—	1	—	1
„ ohne „ „	—	—	—	—	—	—	—	—	—
„ nicht abgelegt	—	—	—	—	—	—	—	—	—
Wiederholungsprüfungen waren bewilligt	2	7	5	3	3	9	4	—	33
Hievon mit Erfolg abgelegt	3	6	2	2	3	8	4	—	28
„ ohne „ „	—	—	—	—	—	—	—	—	—
„ nicht abgelegt	—	1	2	1	—	1	—	—	5

	Ia	Ib	II	III	IV	V	VI	VII	Summa
b) Klassifikationsergebnisse im II. Semester 1879.									
α) Oeffentliche Schüler									
Erste mit Vorzug	5	3	5	6	4	2	2	2	29
Erste	22	24	39	34	28	31	16	25	219
Zweite	4	4	5	7	8	7	9	1	45
Dritte	—	—	—	—	1	2	—	—	3
Wiederholungsprüfung bewilligt	1	4	3	3	5	8	2	—	26
Nicht klassifizirt	—	—	—	—	—	—	2	—	2
β) Privatisten									
Erste mit Vorzug	1	—	—	—	—	—	—	—	1
Erste	1	2	—	1	—	—	—	—	4
Zweite	—	—	—	—	—	—	—	—	—
Dritte	—	—	—	—	—	—	—	—	—
Wiederholungsprüfung bewilligt	—	—	—	—	1	—	—	—	1
Ungeprüft	—	—	—	—	—	—	1	—	1

7. Frequenz des Turnens und der freien Gegenstände am Schlusse des II. Semesters.									
Turnen	31	35	50	47	46	44	27	23	303
Böhmisch	24	25	34	24	17	13	5	8	150
Englisch	—	—	—	—	—	19	6	10	35
Stenographie	—	—	—	—	19	13	2	1	30
Gesang	7	10	8	8	5	5	2	5	50
Analytische Uebungen im Laboratorium	—	—	—	—	—	—	2	3	5
Modelliren	—	—	—	—	—	—	2	3	5

8. Schulgeldertägnis.									
I. Semester:									
Das ganze Schulgeld zahlten	36	38	33	34	30	30	18	11	230
in Summa 2418 fl.									
Vom Schulgelde waren befreit	—	1	19	16	19	25	13	19	112
II. Semester:									
Das ganze Schulgeld zahlten	26	25	31	33	28	26	21	9	201
„ halbe „ „	1	1	—	—	—	—	—	—	2
in Summa 2136 fl.									
Vom ganzen Schulgelde waren befreit	7	12	21	19	19	23	11	20	132
„ halben „ „ „	1	1	—	—	—	—	—	—	2

VII. Unterstützung der Schüler.
A. Stipendien.

Name des Schülers	Klasse	Name des Stipendiums	Datum und Zahl des Verleihungsdekretes	Höhe des Betrags in Gulden Ö. W.
Spitz Adolf	II.	Landesjudenschaftliche Waisen-Stiftung	21. August 1877	75
Ströhr Johann	II.	Finanzstipendium	2. September 1878 Z. 30733	100
Severus Pius Edler v. Laubenfeld	III.	Jičiner Adelsstiftung Nr. 20	8. Juli 1878 Z. 34452	160
Eckert Franz	V.	Paul Michna Graf von Waizenau'sche Studentenstiftung Nr. 2	16. März 1878 Z. 12911	76
Masner Josef	V.	Ad. Seblimm'sche Stiftung	28. Jänner 1879 Z. 1431	92
Pleyel Moritz	V.	Finanzwachstipendium (Handstipendium)	erhöht durch Erlass 17. Okt. 1878 Z. 1507 auf	150
Reinitzer Johann	V.	Franz Anton v. Wenzellisches Johannes-Spitalstipendium Nr. 6	7. April 1879 Z. 6152 St. Wien	78.75
Turba Ludwig Ritter von	V.	Straka'sche Studentenstiftung	20. Dez. 1878 Z. 62474	500
Ott Josef Edler von	VI.	Jičiner Adelsstiftung Nr. 19	8. Juli 1878 Z. 34452	160
Pešek Franz	VI.	Sternberg-Hohenzollern'sche Stiftung Nr. 3	5. März 1877 Z. 13281	66
Schacher Wenzel	VI.	Ferdinand'sche Studentenstiftung Nr. 20	15. April 1876 Z. 18909	120
Schulz Karl	VI.	Ferdinand'sche Studentenstiftung	24. Jänner 1874 Z. 6035	120
Kress Maximilian	VII.	Clemens Holldorf'sche Studentenstiftung Nr. 4	11. Juni 1877 Z. 31254	42

B. Lokales Unterstützungswesen

Vom löblichen Unterstützungsvereine für arme Studierende der Prager Mittelschulen erhielt die Anstalt 49 fl., welcher Betrag, zufolge Conferenzbeschlusses, zur Anschaffung von Schreib- und Zeichenrequisiten für unterstützungswürdige Schüler verwendet wurde. Der Direktor schenkte, wie alljährlich, einem armen braven Schüler 20 fl.

VIII. Vermehrung der Lehrmittelsammlungen.
a) Einnahmen:

Aufnahmstaxen von 122 Schülern à 2 fl. 10 kr. . . . . 256 fl. 20 kr.
Lehrmittelbeiträge von 293 Schülern à 3 fl. 10 kr. . . . 908 fl. 30 kr.
Taxe für 2 Zeugnis-Duplikate . . . . 4 fl. — kr.
Aus der pro 1878 bewilligten Subvention pr. 1500 fl. zur
  Anschaffung von Lehrmitteln den Rest pr. . . . . 1000 fl. — kr.
  Summe der Einnahmen 2168 fl. 50 kr.

b) Zuwachs.

A. Lehrerbibliothek.

a) Geschenke: Vom hohen k. k. Ministerium für Cultus und Unterricht: Movimento commerciale di Trieste 1877; Movimento della navigazione in Trieste nel 1877; Statistischer Bericht der Handelskammer in Laibach für 1875; Bericht der Handelskammer in Wien für 1877; Navigazione Austro-Ungarica all'estero nel 1877; Navigazione e commercio in porti Austriaci nel 1877; Mittheilungen der k. k. geogr. Gesellschaft in Wien 1878; Lemayer: Verwaltung der österr. Hochschulen von 1868—1877; von der hochlöblichen k. k. Akademie der Wissenschaften in Wien: Sitzungsberichte Jhrg. 1878; vom löbl. Vereine für Geschichte der Deutschen in Böhmen: Hecht, Homiliar d. Bischofs von Prag; Höfler, Johannes Porta de Avonniaco de coronatione Caroli IV; Höfler, Chronik d. Heinrich Truchsess von Diesenhofen; Grueber, Hauptperioden der mitt. Kunstentwicklung in Böhmen; Leeder, Beiträge zur Geschichte von Arnau; Laube, Aus der Vergangenheit Joachimsthals; Andree, Sprachgebiet der Lausitzer Wenden; Kleinwächter, Holzweberei in Alt-Ehrenberg; John, Vorschuss- und Creditvereine in Böhmen; Nassl, Laute der Tepler Mundart; Grohmann, Aberglauben und Gebräuche aus Böhmen und Mähren; von Eduard Hölzel's Verlag in Wien: Kozenn-Jarz, Leitfaden der Geografie der österr. Monarchie.

b) Ankauf: Mohr: Titrirmethode; Classen: analyt. Chemie; Bolley: tech.-chem. Untersuchungen; Reis: Physik; Lagrange: analyt. Mechanik; Lorenz: Lehre vom Licht; Zepharovich: mineral. Lexikon; Spencer: Physiologie; Taits: Quaternions; Prediger: analyt. Geometrie des Raumes; Mathiessen: Algebra der litteral. Gleichungen; Lieber und Lühmann: trigonometrische Aufgaben; Lieber und Lühmann: geometrische Constructionsaufgaben; Mansion: Determinanten; Grassmann: Ausdehnungslehre; Reidt: Aufgaben a. d. Trigonometrie und Stereometrie; Oncken: Allgemeine Geschichte; Rochau: Geschichte Frankreichs; Reuchlin: Geschichte Italiens; Springer: Geschichte Österreichs; Weber: Allgemeine Geschichte (Fortsetzung); Krones: Österreichische Geschichte (Schluss); Günther: Studien z. Geschichte d. mathem. Geografie (Fortsetzung); Genealog. statist. Handbuch f. 1879; Schleicher: vergleichende Grammatik d. indogerm. Sprachen; Becker: Handbuch der deutschen Sprache; Viehoff: Schiller's Gedichte; Goethe's Gedichte; Düntzer: Erläuterungen zu den deutschen Classikern (Fortsetzung); Grimm: Wörterbuch; Schmid: paedagog. Handbuch (Fortsetzung); Karmarsch: techn. Wörterbuch (Fortsetzung); Spamer: illustr. Conversationslexicon (Fortsetzung); Littré dictionnaire francaise (Fortsetzung).

Von periodischen Zeitschriften bezieht die Anstalt folgende: Verordnungsblatt d. h. k. k. Unterrichtsministeriums; Kolbe: Zeitschrift für Realschulwesen; Petermann: Geographische Mittheilungen; Sybel: historische Zeitschrift; Rodenberg: Deutsche Rundschau; Revue de deux mondes: Duboys-Reymond: Zeitschrift für Anatomie und Physiologie; Schlömilch;

Zeitschrift für Mathematik und Physik; Grunert: Archiv f. Mathem. u. Physik; Hoffmann: Zeitschrift für mathematischen und naturhistorischen Unterricht; Berichte der deutschen chem. Gesellschaft in Berlin; Chemisches Centralblatt; Dingler: polytechnisches Journal; Zeitschrift d. österr. Ingenieur- und Architektenvereines; Bartsch: Germania.

B. Schülerbibliothek.

a) Geschenke: Von der löbl. Verlagsbuchhandlung J. Künstner in Böhm.-Leipa: Gebet- und Gesangbuch; von der löbl. Verlagsbuchhandlung Kleinmayer und Bamberg: Grammatik der neuhochdeutschen Sprache; von der löbl. Verlagsbuchhandlung Pichler's Witwe und Sohn: Putzger's historischer Schulatlas; vom Herrn Prof. E. Czuber: Masařik's böhm. Schulgrammatik; von der löbl. Verlagsbuchhandlung L. W. Seidel und Sohn: 4 Villicus Arithmetik I. Theil; von der löbl. Verlagsbuchhandlung J. Klinkhardt: Bechtel's französische Chrestomathie; von der löbl. Verlagsbuchhandlung G. D. Bädecker in Essen: K. Koppe's Naturgeschichte und Dr. Heilermann's und Dr. Dickmann's Algebra.

b) Ankauf: Lübke: Leitfaden für den Unterricht in der Culturgeschichte. — Grillparzer: König Ottokars Glück und Ende. — Weh' dem, der lügt. — Das goldene Vliess. — Sappho. — Ein treuer Diener seines Herrn. — E. M. Arndt: Gedichte. — Fr. Hahn: Der Sohn der Wildnis. — Der Fechter von Ravenna. — J. Mosen: Heinrich der Finkler. — Otto III. — Cola Rienzi. — C. F. Scherenberg: Ligny. — Leuthen. —

Goethe: Hermann und Dorothea. — Faust I. — Goetz. — Egmont. — Iphigenie. — Tasso. — Gedichte.

Schiller: Don Carlos. — W. Tell. — Die Jungfrau von Orleans. — Wallenstein. — Maria Stuart. — Gedichte. — Jordan: Nibelungen. — Freiligrath: Gedichte. — O. Redwitz: Amaranth. — E. Schulze: Die bezauberte Rose. — N. Lenau: Gedichte. — Fr. Rückert: Nal u. Dajamanti. — Gedichte. — H. Voss: Luise. — Lessing: Minna v. Barnhelm. — Emilia Galotti. — Nathan der Weise. — J. Sturm: Gedichte. — Chamisso: Gedichte. — Fouqué: Undine. — Der Zauberring. — Schenkendorff: Gedichte. — Hoffmann v. Fallersleben: Gedichte. — Des Knaben Wunderhorn. — Geibel: Gedichte. — Novalis: Heinrich v. Osterdingen. — J. Vogel: Gedichte. — Fr. Hebbel: Die Nibelungen. — Uhland: Ludwig der Baier. — Ernst v. Schwaben. — Gedichte. — Roquette: Waldmeisters Brautfahrt. — Platen: Die Abassiden. — Leisewitz: Julius v. Tarent. — Klinger: Sturm und Drang. — Zedlitz: Das Waldfräulein. — Körner: Der grüne Domino. — Die Gouvernante. — Toni. — Der Vetter aus Bremen. — Der vierjährige Posten. — Der Nachtwächter. — Rosamunde. — H. v. Kleist: Käthchen von Heilbronn. — Der zerbrochene Krug. — Die Hermannschlacht. — Stifter: Witiko. — Bunte Steine. — Der Nachsommer. — Reinick: Märchen-, Lieder- und Geschichtenbuch. — Schäfer: Literaturbilder. — Seume: Spaziergang nach Syrakus. — Immermann: Münchhausen. — Pyrker: Tunisias. — E. Jordan: Irrfahrten des Odysseus. — Fr. Knauer: Deutschlands und Österreichs Reptilien. — C. Bothe: Bilder aus dem Thierleben. — Kolbe: Anorganische Chemie II. 2. — L. Bowitsch: Vom Donaustrande. — R. Niedergesäss: Landschafts- und Sittenbilder. — Prinz Eugen. — M. Konnerth: Der Bienenvater. — L. Smolle: Nikolaus Lenau. — W. Maasslieb: Peter Schöffer. — C. Lauckhardt: Simplicissimus. — E. Alberti: Glaukos und Trasymachos. — Marcus Marinus. — Willisch: Drei Erzählungen aus dem griechischen Alterthume. — W. Stoll: Phyllidas und Charite. — Fr. Hoffmann: Deutscher Jugendfreund. — Jugendalbum 1878. — Gretschel und Wunder: Jahrbuch der Erfindungen. — Jäger: Rom unter den Königen. — Der römische Freistaat. — Die punischen Kriege. — Herzberg: Rom und König Pyrrhus. — Feldzüge der Römer in Deutschland. — Fr. Raumer: Die Hohenstaufen. — Jarz: Ladislaus Posthumus. — Friedrich III. — Aelschker: Maria Theresia. — Wolf: Kaiser Josef II. — Skalla: Leopold der Glorreiche. — Kraus: Maxmilian I. — Biermann: Karl IV. — Zwiedineck: Wallenstein. — Schober: S. v. Herberstein. — Frisch: Wanderungen durch Kärnten. — Ignaz: M. Corvinus. — Proschko: Die Franzosen in Wien. — Aus dem Lande Tirol. — Erzherzog Karl. — Manzer: Wanderungen durch Böhmen. — Kletke: Der Aufstand in Kairo. — Drei Könige von Jerusalem. — Kreuz und Halbmond — Montesquieu: Considérations sur les causes de la grandeur des romains. — Depping: Hist. d. Expeditions maritimes. — Chateaubriand: Itinéraire de Paris à Jérusalem. — Rollin: Histoire d'Alexandre le Grand.

C. Physikalische Apparate.

1 Spectrometer mit Gauss'schem Ocular.
1 Molloni'scher Apparat.
1 Siemens'sche Widerstandssäule.
1 Örstedt'scher Compressionsapparat.
1 Sphärometer.
1 Neef'sches Blitzrad.
1 elektrische Pistole.
1 Entlader mit Gelenk.
2 Linsen von 1^m Brennweite auf Stativ.
1 Zerstreuungslinse von 0,3^m Brennweite.
1 Serie Drahtgitter.
2 Tischstative.
1 Eisenstativ.
1 pneumatisches Feuerzeug.
1 Telephon.

D. Sammlung chemischer Lehrmittel.

1 Spectroscop à vision direct nach Browning.
1 Verbrennungsofen sammt Trockenapparat nach Glaser.
Glaskugeln zur Dichtebestimmung.

1 Glasglocke sammt Platte.
1 Saccharometer.
4 Buretten nach Mohr.
1 Blaseburette nach Mohr.
1 Universal-Aräometer.
1 eiserner Mörser.
1 gläserner Gasometer.
2 Gasbrenner.

Die Präparatensammlung wurde ergänzt und durch Schenkungen des Herrn Professor Dr. E. Willigk und des Herrn Fabrikanten Kubik vermehrt, beiden sei für ihre wolwollende Unterstützung hiemit der wärmste Dank ausgesprochen.

E. Naturhistorische Sammlungen.

a) Geschenke: Vom Herrn Buchhaltungsvorstand Gustav Werner: 11 Entwicklungsstadien von Apis melifica; von dem Schüler der 1 b Klasse A. Richter: Sciurus vulgaris (var. nigra).

b) Ankauf: Gestopfte Bälge von: Lemnus norvegicus, Mioxus glis, Mustela erminea, Alligator lucius.

Skelete von: Cebus capucinus, Ovis aries, Anser cinereus.

Spirituspræparate: Deutex vulgaris, Chrysophris aurata, Lophius piscatorius, Torpedo sp., Echeneis remora, Tripodonotus tesselatus, Coluber austriacus, Stegoporus mexicanus, Draco volans, Coenurus cerebralis, Pennatula rubra, Aurelia aurita.

Gypsabdrücke von: Ichthyosaurus, Pterodactylus.

40 Exemplare geognostischer und paläonthologischer Funde aus Böhmen.

Bilderwerke: Fortsetzung des zootomischen Atlas von Brühl 3 Lieferungen.

F) Lehrmittel für den geographisch-historischen Unterricht.

Angekauft wurden: Spruner: Handatlas (Fortsetzung); Sydow: Wandkarten von Europa, Asien, Afrika, Nord- und Südamerika, Australien und Erdkarte; Laugl: Bilder zur Geschichte.

G) Lehrmittelsammlung für das Zeichnen.

a) Geschenke: Vier grosse Wandtafeln, in Farben ausgeführt von Prof. A. Friebel, darstellend Typen aus dem ægyptischen, byzantinischen, maurischen und griechischen Style.

5 Stück Gypsabgüsse aus Sternthiergarten-Schlosse vom Quartaner Parkos.

b) Ankauf: I. Vorlagewerke: Das polychrome Ornament von Andél, 3., 4., 5. Heft mit 17 Blatt.

Neue Sepiaschule, 6. Heft mit 6 Blatt, Gewerbehalle, Jahrgang 1879, 1., 2., 3., 4., 5., 6. und 7. Lieferung.

II. Modelle: Ein voller Würfel. — Ein hohler Würfel. — Ein volles Parallelepiped. — Ein hohles Parallelepiped. — Ein voller Cylinder. — Ein sechsseitiges Prisma. — Eine volle vierseitige Pyramide. — Ein hohler Pyramidenstutz. — Ein voller Kegel. — Ein Pylon. — Ein hohler Kegel. — Eine volle Kugel. — Eine hohle Halbkugel. — Achteckige Platte mit quadratischem Ausschnitte. — Ein vierseitiger Pfeiler mit elementarem Sockel. — Ein gothischer Sockel. — Ein vierseitiger Pfeiler mit Simsplatte. — Ein einfach gegliederter Sockel. — Eine cylindrische Nische. — Ein prismatisches Doppelkreuz. — Ein cannelirtes Säulenstück. — Ein Säulenstück mit Rundstäben. — Eine architektonische Combination. — Ein Tonnengewölbe. Ein Kreuzgewölbe römisch. — Ein Kreuzgewölbe gothisch. — Die Kuppel. — 8 Stäbe.

Stand der Lehrmittelsammlungen am Schlusse des Schuljahres.

	Zuwachs 1879.	Stand Ende 1879.
Lehrerbibliothek:		
Gesammtnummern	61	686
in Bänden	82	1010
in Heften	98	270
in Programmen	176	665
Schülerbibliothek:		
Gesammtnummern	115	1494
in Bänden	133	1595
in Heften	—	—
Physikalische Apparate	17	247
Chemische { Apparate	14	244
{ Praeparate	—	146
Zoologische Sammlung:		
Wirbelthiere	14	169
Wirbellose Thiere	3	2418
Anatomische Präparate	3	75
Botanische Sammlung:		
Herbariumblätter	—	395
Mineralogische Sammlung (einschliessl. d. geolog. u. paläontolog. Sammlung):		
Naturstücke	40	1311
Edelsteinimitationen	—	60
Krystallmodelle	—	230
Abbildungen:		
Blätter	12	634
und zwar: Fitzinger's Atlas	—	482
Brühl's Atlas für Zootomie	12	52
Wettstein's und Schreiber's Atlas	—	100
Apparate	—	9
Technologische Objekte	—	—

	Zuwachs 1879.	Stand Ende 1879.
Geographisch-historische Sammlung:		
Wandkarten	6	41
Atlanten	—	3
Globen	—	2
Tellurien	—	1
Plastische Karten	—	1
Historischer Bilderatlas	1	1
Zeichnen:		
Drahtmodelle	—	16
Holz- und Blechmodelle	35	54
Modelle von Pappe	—	28
Gypsmodelle	5	223
Vorlegeblätter	27	127
Utensilien	2	3

Öffentlicher Dank.

Die Direktion erfüllt eine angenehme Pflicht, wenn sie im Namen des Lehrkörpers für alle der jungen Anstalt dargebrachten Spenden, sowie für die freundliche Aufnahme, welche den Schülern bei Besichtigung der verschiedenen industriellen Etablissements zu Theil wurde, den wärmsten Dank ausspricht.

IX. Maturitätsprüfungen.

Von den 25 Schülern der VII. Klasse des Schuljahres 1877—78 unterzogen sich 21 Abiturienten unter dem Vorsitze des k. k. Landesschulinspektors Herrn Dr. Ig. Mache der Maturitätsprüfung. Von diesen wurden 3 mit Auszeichnung, 1 mit lobenswertem, 5 mit befriedigendem und 5 mit genügendem Erfolge zum Besuche einer Hochschule reif befunden, während 6 Schüler auf ein Jahr und 1 Schüler auf ein halbes Jahr reprobirt werden mussten. Dieses theilweise ungünstige Resultat erklärt sich dadurch, dass die Anstalt erst im Schuljahre 1874 in's Leben gerufen wurde, und somit meist nur fremdes Schülermateriale, das an der Anstalt nur kurze Zeit verweilte, der Maturitätsprüfung zuführte.

Bezüglich des Lebensalters, der Dauer der Studien an der Anstalt und des gewählten Berufes dienen die folgenden Daten:

Bauer Johann, gebürtig aus Kotopek in Böhmen, 17 Jahre alt, trat seiner Zeit in die IV. Klasse der Anstalt ein, Chemie.
Böhm Theodor, Neustadt, Böhmen, 19 Jahre, IV. Klasse, Baufach.
Emperger Friedrich, Edler von, Beraun, Böhmen, 16 Jahre, V. Klasse, Ingenieurwesen.
Franz Alois, Prag, Böhmen, 19 Jahre, V. Klasse, Militär.
Gednorožec Josef, Prag, Böhmen, 17 Jahre, IV. Klasse, Ökonomie.
Herrmann Alfred, Prag, Böhmen, 17 Jahre, IV. Klasse, Lehrfach.
Hněvkovský Adalbert, Rothmühl, Mähren, 16 Jahre, V. Klasse, Ökonomie.
Jünger Johann, Alt-Bunzlau, Böhmen, 20 Jahre, III. Klasse, Lehrfach.
Karpeles Ludwig, Welwarn, Böhmen, 20 Jahre, III. Klasse, Ingenieurwesen.
Kühn Ferdinand, Prag, Böhmen, 17 Jahre, III. Klasse, Ökonomie.
Lachenbauer Karl, Rappitz, Böhmen, 18 Jahre, V. Klasse, Ingenieurwesen.
Maslo Eduard, Zaječar, Serbien, 17 Jahre, III. Klasse, Lehrfach.
Michel Alfred, Ritter von Westland, Wien, Nied.-Österreich, 17 Jahre, VI. Klasse, Militär.
Mišek Franz, Lužan, Böhmen, 20 Jahre, III. Klasse, Lehrfach.
Muzyka Johann, Żólkiev, Galizien, 20 Jahre, V. Klasse, Baufach.
Nadelfest Wilhelm, Třebnitz, Böhmen, 19 Jahre, III. Klasse, Eisenbahnfach.
Sadler Richard, Prag, Böhmen, 16 Jahre, III. Klasse, Chemie.
Schmidt Arthur, Gablonz, Böhmen, 19 Jahre, V. Klasse, Chemie.
Seifert Josef, Prag, Böhmen, 17 Jahre, III. Klasse, Lehrfach.
Wehle Friedrich, Jičin, Böhmen, 17 Jahre, III. Klasse, Ingenieurwesen.
Wenke Georg, Liblic, Böhmen, 18 Jahre, VI. Klasse, Ingenieurwesen.

Zu den schriftlichen Maturitätsprüfungen, die heuer am 4., 5., 6. und 7. Juni abgehalten wurden, kamen mit hohem Erlasse vom 4. Mai 1879, Nr. 9697 L. S. R., folgende Themen herab.

a) **Aus der deutschen Sprache**: Kann uns zum Vaterland die Fremde werden?

b) **Aus der französischen Sprache**: Contentement passe richesse. Le bonheur ne dépend ni du rang ni de la fortune; il peut se rencontrer dans toutes les positions et dans toutes les classes de la société. — Voilà une vérité tellement incontestable, qu'elle est devenue proverbe: Contentement passe richesse. Et cependant on n'en tient en général nul compte; chacun prétend qu'il lui manque quelque chose pour être heureux, et, au lieu de chercher en lui-même le moyen d'y suppléer, aspire à l'acquisition des biens qu'il ne possède pas, et s'imagine volontiers que les autres sont mieux placés que lui à cet égard. Pour les riches, blasés dans leurs jouissances, déçus dans leur ambition, la médiocrité devient l'idéal du bonheur, tandis que pour ceux qui jouissent d'une aisance modeste, il se trouve dans la satisfaction des désirs que leurs ressources bornées les forcent à réprimer sans cesse. Mais c'est sourtout aux yeux du pauvre que la richesse apparait comme un talisman, comme un remède qui doit guérir tous les maux. Exposé à de continuelles et nombreuses privations, il lui semble que s'il pouvait les faire cesser, il serait parfaitement heureux, et il ne songe pas qu'il existe d'autres peines que les souffrances physiques. De là ce penchant à murmurer contre ce qu'il appelle l'injustice du sort, et à prêter l'oreille aux suggestions perfides de ceux qui lui représentent l'inégale répartition des biens de la terre comme une conséquence de la mauvaise organisation sociale. La haine, l'envie, l'esprit de révolte se développent bientôt sous l'empire d'une pareille idée; les doctrines les plus subversives trouvent de l'écho dans la foule séduite par leurs trompeuses promesses.

c) **Aus der Mathematik:** 1. Ein am heutigen Tage gekauftes Haus soll durch 15 decursive Jahresraten pr. 3500 fl. bezahlt werden; welches wäre der gegenwärtig zu erlegende Kaufpreis, wenn mit $5\frac{1}{2}\%$ discontirt wird?

2. Bei einem abgestutzten Kegel von der Seitenlänge l ist die Mantelfläche gleich der grossen Grundfläche und der Neigungswinkel der Mantellinien zur Ebene der grossen Basis beträgt α; welche Basisradien und welche Mantelfläche hat der Kugelstutz? — Besonderer Fall: $\alpha = 60°$.

3. Gegeben ist eine Ellipse E ... $\frac{x^2}{25} + \frac{y^2}{9} = 1$ und eine Gerade G ... $x + y = b$; welchen Wert muss b annehmen, damit die Gerade die Ellipse tangire?

d) **Aus der Projektionslehre:** 1. Einen durch seine Projektionen dargestellten Dreiecke ist ein Kreis einzuschreiben.

2. Von einem schiefen Kreiscylinder, welcher mit einer seiner Grundflächen auf der Horizontalebene aufsteht, ist der Normalschnitt durch Projektion und wahre Grösse darzustellen.

3. Ein oblonges Rotationsellipsoid, dessen Axe auf der Horizontalebene normal steht, wird durch parallele Lichtstrahlen beleuchtet; es soll die Grenze des Selbst- und des Schlagschattens ermittelt werden.

X. Chronik der Anstalt im Schuljahre 1878—79.

Der Assistent und Probekandidat der Anstalt Franz Bergmann wurde mit hohem Ministerialerlasse vom 11. Juli 1878, Z. 9661 C. u. U. (26. Juli 1878, Nr. 16049 L. S. R.) zum wirklichen Lehrer der Staatsrealschule in Jägerndorf und der suppl. Lehrer Franz Pitschmann mit hohem Ministerial-Erlasse vom 15. Juli 1878, Z. 10477 C. u. U., (26. Juli 1878, Nr. 15820 L. S. R.), zum wirklichen Lehrer der Staatsrealschule in Budweis ernannt.

Am 2. August 1878 geruhte Se. kaiserliche Hoheit der durchlauchtigste Erzherzog Kronprinz Rudolf nach seiner Ankunft in Prag die Aufwartung der Directoren sämmtlicher Mittelschulen Prags entgegenzunehmen.

Durch hohen Erlass vom 12. August 1878, Nr. 17474 L. S. R., wurde dem k. k. Director Karl v Ott die vierte Quinquennalzulage zuerkannt.

Die Einschreibungen und Aufnahmsprüfungen der Schüler wurden am 12., 13. und 14. September 1879 vorgenommen. In die I. Klasse wurden auf Grundlage der Aufnahmsprüfungen 75 Schüler aufgenommen und in zwei Abtheilungen untergebracht. In die II. Klasse kamen 52, in die III. Klasse 50, in die IV. Klasse 49, in die V. Klasse 54, in die VI. Klasse 32 und in die VII. Klasse 29 Schüler.

Am 21. September 1878 wurden unter dem Vorsitze des k. k. Landesschulinspektors Herrn Dr. Ig. Macho die Wiederholungs-Maturitätsprüfungen abgehalten.

Mit hohem Erlasse vom 22. September 1878, Z. 20921 L. S. R., wurden die bisherigen geprüften Hilfslehrer Karl Wihlidal und Wenzel Závorka, ferner der Turnlehrer Wilhelm Recke, sowie der Assistent Franz Botha wieder bestätigt und unter Einem Karl Buchal an Stelle des gewesenen Assistenten Franz Bergmann ernannt, welch' letzterer zugleich mit dem Unterrichte in der Geometrie und dem Zeichnen in I a, sowie mit jenem in der Kalligrafie betraut wurde.

Der k. k. wirkliche Lehrer Emanuel Reinisch wurde mit hohem Erlasse vom 23. September 1879, Nr. 21122 L. S. R., nach zurückgelegtem Triennium im Lehramte definitiv bestätigt und ihm der Titel „Professor" zuerkannt.

Mit hohem Ministerialerlasse vom 19. September 1878, Z. 14280 C. u. U. (29. September 1878, Nr. 21347 L. S. R), wurde dem k. k. wirkl. Lehrer Emanuel Czuber die hochortige Anerkennung über die zweckmässige Einführung des Probekandidaten Franz Bergmann in das Lehramt ausgesprochen.

Am 4. Oktober wurde das Allerhöchste Namensfest Sr. Majestät des Kaisers und am 19. November 1878 jenes Ihrer Majestät der Kaiserin vom Lehrkörper und den Schülern feierlich begangen.

Am 28. November 1878 ist der k. k. Professor Moriz Handl, ebenso wie im vorigen Schuljahre an einem Nervenleiden schwer erkrankt und übernahmen seine Vertretung — mit hochortiger Bewilligung — der Director und die Collegen Emanuel Czuber, Dr. Adolf Hromada, Franz Krüues und Karl Buchal.

Die Urlaubsgewährung des Genannten erfolgte mit hohen Ministerial-Erlässen vom 11. Feber 1879, Z. 1979, und vom 25. März 1879, Z. 4230 C. u. U., bis zum Schlusse des Schuljahres.

Der k. k. wirkl. Lehrer Emanuel Czuber wurde mit hohem Erlasse vom 31. Dezember 1878, Nr. 28432 L. S. R., nach zurückgelegtem Triennium im Lehramte definitiv bestätigt und ihm der Titel „Professor" zuerkannt.

Mit hohem Ministerialerlasse vom 14. Jänner 1879, Z. 406 C. u. U. (21. Jänner 1879, Nr. 1686 L. S. R.), wurde der Probekandidat Ferdinand Geisler der Anstalt zugewiesen und der fachmännischen Leitung des k. k. Professors Em. Czuber anvertraut.

Der k. k. Landesschulinspektor Herr Dr. Ig. Macho inspicirte die Anstalt vom 20. bis 30. Jänner 1879.

Vom 3. bis incl. 6. Feber 1879 wurden die für das Wintersemester anberaumten schriftlichen und am 22. Feber 1879, unter dem Vorsitze des k. k. Landesschulinspektors Herrn Dr. Ig. Mache, die bezüglichen mündlichen Maturitätsprüfungen abgehalten.

Das 1. Semester schloss mit dem 15. und das 2. Semester begann mit dem 19. Februar 1879.

Mit hohem Erlasse vom 28. Feber 1879, Nr. 4664, wurde der bisherige Assistent Karl Buchal als Hilfslehrer bestätigt und ihm die bezügliche Gebühr vom 1. Dezember 1878 angewiesen.

Mit dem hohen Erlasse vom 14. März 1879, Nr. 3256 L. S. R., wurde dem k. k. Professor Dr. A. Hromada, vom 1. Oktober 1878 angefangen, die erste Quinquennalzulage zuerkannt.

Durch hohen Ministerialerlass vom 15. April 1879, Z. 3517 C. u. U. (25. April 1879, Nr. 8305 L. S. R.), wurde die Verlängerung des Mietvertrages bezüglich der weiteren Unterbringung der Anstalt im Odkolek'schen Hause bis zum Jahre 1885 angeordnet.

Am 23. April 1879 um 9 Uhr versammelten sich sämmtliche Lehrer und Schüler der Anstalt zur Vorfeier der silbernen Hochzeit unseres erhabenen Herrscherpaares in den Räumen des Zeichensaales. Derselbe war mit vielem Geschmack und Geschick vom k. k. Professor Anton Friebel festlich dekorirt worden, zu welchem Behufe der Hausbesitzer Herr Odkolek mit grösster Bereitwilligkeit prachtvolle exotische Gewächse beigestellt hatte.

Der Director Karl v. Ott eröffnete die solenne Feier mit einer Festrede, in welcher er die Wohlthaten pries, die den Völkern Österreichs unter der glorreichen Regierung Sr. Majestät Franz Josef I. zu Theil wurden.

Nachdem derselbe die grossen Verdienste des erlauchten Regenten um die Hebung des gesammten Unterrichtswesens überhaupt und der Realschulen insbesondere hervorgehoben und die studierende Jugend aufgefordert hatte, die Liebe zum angestammten Regentenhause und zum Vaterlande einstens durch Thaten zu beweisen, schloss er mit einem dreimaligen „Hoch" auf Ihre Majestäten, in welches die Anwesenden begeistert einstimmten. Hierauf wurde die Volkshymne mit Orchesterbegleitung in gehobenster Stimmung gesungen, dann folgten Deklamationen von patriotischen Gedichten, nach diesen trugen die gutgeschulten Sänger der Anstalt den Chor „Mein Österreich" in gelungenster Weise vor und es fand das hehre Fest mit dem Marsche „O du mein Österreich" einen würdigen Abschluss.

Am Abende des 23. April 1879 betheiligte sich die Anstalt an der allgemeinen Illumination und Beflaggung und es bot das glänzend beleuchtete Schulgebäude einen um so schöneren Anblick, als dasselbe wegen seiner exponirten Lage an der Moldau weithin sichtbar war.

Am 24. April 1879, d. i. am eigentlichen Festtage der silbernen Hochzeit Ihrer k. und k. Majestäten, wohnte der ganze Lehrkörper und sämmtliche katholische Schüler der Kirchenfeier bei, wobei die ganz neu einstudirte dritte Sonntags-Figuralmesse von Schöpf, das Graduale von Weiss, das Offertorium von Horak und das Te Deum von Dreyer zur Aufführung gelangte; die sämmtlichen musikalischen Schüler der Anstalt waren hiebei als Sänger und Streicher betheiligt.

Sowohl die obengenannten Chöre als auch die Figuralmesse sammt den Festeinlagen wurden vom Gesangslehrer der Anstalt Karl Wihlidal einstudirt und unter seiner Leitung zum Vortrag gebracht. Der Effekt war ein so erhebender, die Durchführung eine so präcise, dass die Direction sich veranlasst sieht, dem wackeren Dirigenten für seine wahrhaft glänzenden Erfolge hier den wohlverdienten Dank zu sagen.

Nach dem Festgottesdienste begaben sich der Director und Professor Anton Friebel im Namen des gesammten Lehrkörpers der Anstalt zu Seiner Excellenz dem Herrn k. k. Statthalter Freiherrn v. Weber, um ihn, im Vereine mit den Deputationen der Lehrkörper aller anderen Mittelschulen Prags, zu bitten, die alleruntertbänigsten Glückwünsche derselben an Ihre k. und k. Majestäten gelangen zu lassen.

Zufolge des Erlasses Sr. Excellenz des Herrn k. k. Ministers für Cultus und Unterricht vom 2. Mai 1879, Z. 6531, haben Se. Majestät der Kaiser die zahlreichen Kundgebungen aufrichtiger Liebe und treuer Anhänglichkeit, welche Lehrende und Lernende aus Anlass der Feier der silbernen Hochzeit Ihrer Majestäten an den Tag legten, wolgefällig zur Kenntnis zu nehmen geruht, und in dem Erlasse Sr. Excellenz des Herrn k. k. Statthalters vom 17. Mai 1879, Nr. 4912, kam überdies ein Abdruck des Allerhöchsten Handschreibens vom 27. April 1879 herab, welches aus Anlass der von den Lehrkörpern der Mittelschulen Prags dargebrachten allerunterthänigsten Glückwünsche erflossen ist.

Die diesjährigen schriftlichen Maturitätsprüfungen des Sommersemesters wurden am 4., 5., 6. und 7. Juni, ferner die bezüglichen mündlichen Maturitätsprüfungen am 25., 26., 27. und 28. Juni unter dem Vorsitze des Herrn k. k. Landesschulinspektors Dr. Ig. Mache abgehalten. Das Ergebnis derselben kann ein günstiges genannt werden, und wird hierüber, den gesetzlichen Bestimmungen gemäss, erst nach Abschluss der Wiederholungsprüfungen berichtet werden.

Der k. k. Professor Josef Maleček und der Hilfslehrer Karl Buchal haben den Director, während derselbe bei verschiedenen Prüfungskommissionen beschäftigt war, mit grösster Bereitwilligkeit vertreten und hat ihn überdies letzterer bei den vielen Schreibgeschäften nach Thunlichkeit unterstützt.

Das Schuljahr schloss, nach einem solennen Dankamte, welches der hochwürdigste Malteserordens-Prior Herr Johann Jaresch celebrirte, am 15. Juli mit der Ausgabe der Zeugnisse und Jahresberichte.

XI. Verzeichnis der wichtigsten im Laufe des Schuljahres erschienenen h. Verordnungen und Erlässe.

1. Mit dem hohen Ministerialerlasse vom 4. November 1878, Z. 17722 C. u. U., wurde angeordnet, dass Schüler — deren Eltern nicht so mittellos sind, dass sie nicht das halbe Schulgeld ohne erheblichen Opfern zahlen könnten — nur vom halben Schulgelde befreit werden dürfen.
2. Se. Excellenz der Herr k. k. Minister für Cultus und Unterricht hat mit dem Erlasse vom 8. April d. J., Z. 4361, zu genehmigen gefunden, dass bei den diesjährigen Maturitätsprüfungen die Prüfung aus der französichen Sprache nur in einer schriftlichen Übersetzung aus dem Französischen in's Deutsche zu bestehen habe.
3. Zufolge hohen Erlasses vom 14. Mai 1879, Nr. 10660 L. S. R., haben jene Abiturienten, die vom halben Schulgelde befreit sind, nur die Hälfte der Taxe für die Maturitätsprüfung zu erlegen.
4. Mit hohem Erlasse vom 21. Mai 1878, Nr. 10138 L. S. R., wurde angeordnet, dass mit dem englischen Sprachunterrichte, vom nächsten Schuljahre angefangen, in der 5. Klasse aller jener deutschen Realschulen Böhmens begonnen werde, an welchen eine hiezu geeignete Lehrkraft vorhanden ist.
5. Zufolge hohen Erlasses vom 20. Mai 1879, Nr. 9754 L. S. R., sind Mittellosigkeits-Zeugnisse behufs Erlangung der Schulgeldbefreiung stempelfrei; dagegen sind die mit einem Mittellosigkeitszeugnisse belegten Schulgeld-Befreiungsgesuche mit einem 50 kr. Stempel zu versehen.

XII. Verzeichnis der Lehrbücher, nach welchen an der Anstalt im Schuljahre 1879—80 gelehrt werden wird.

I. Klasse.

Fischer, katholische Religionslehre. Neumann Alois und Gehlen Otto, deutsches Lesebuch für die erste Klasse der Gymnasien und verwandten Anstalten. Herr Gust. I. Cursus: Grundzüge für den ersten Unterricht in der Erdbeschreibung. Villicus Franz, Lehrbuch und Übungsbuch der Arithmetik für Unterrealschulen I. Theil für die erste Klasse. Streiszler Josef, die geometrische Formenlehre I. Abtheilung f. d. I. Realklasse. Pokorny Dr. Al. Illustrierte Naturgeschichte des Thierreiches f. d. unteren Klassen der Mittelschulen. Masařik Jos. böhm. Grammatik f. deutsche Mittelschulen.

II. Klasse.

Fischer, katholische Religionslehre. Bauer Friedr., Grundzüge der neuhochdeutschen Grammatik. Neumann Alois und Gehlen Otto, Lesebuch f. d. zweite Klasse. **Herr** Gust. II. Cursus: Länder- und Völkerkunde. **Gindely** Ant. Lehrbuch der allgemeinen Geschichte f. d. unteren Klassen der Mittelschulen I. Band. Das Alterthum. **Villicus** Franz II. Theil f. d. zweite Klasse. **Streiszler** Josef II. Abtheilung f. d. II., III. und IV. Realklasse. **Pokorny** Dr. Al. Illustrierte Naturgeschichte des Mineral- und Pflanzenreiches f. d. unteren Klassen der Mittelschulen. **Masařík** Jos. böhm. Grammatik für deutsche Mittelschulen. **Tieftrunk** K. Böhm. Lesebuch f. Deutsche I. Theil. **Putzger** F. W. historischer Schulatlas.

III. Klasse.

Hafenrichter Liturgik. **Bauer** Friedrich, Grundzüge der neuhochdeutschen Grammatik. **Neumann** Alois und **Gehlen** Otto Lesebuch f. d. dritte Klasse. **Magnin-Dillmann**, Praktischer Lehrgang zur Erlernung der französischen Sprache. **Herr** Gust. II. Cursus: Länder- und Völkerkunde. **Gindely** Ant. II. Band. Das Mittelalter. **Putzger** F. W. historischer Schulatlas. **Močník** Dr. Fr. R. v. Lehr- und Übungsbuch der Arithmetik für Unterrealschulen. **Streiszler** Jos., II. Abth. **Krist** Dr. Jos., Anfangsgründe der Naturlehre für die unteren Klassen der Mittelschulen. **Masařík** Jos., Böhm. Grammatik für deutsche Mittelschulen. **Tieftrunk** K., Böhm. Lesebuch für Deutsche.

IV. Klasse.

Frind A. Katholische Apologetik. **Schiller** Karl, Deutsche Grammatik für Mittelschulen. **Neumann** Alois und **Gehlen** Otto, Lesebuch f. d. IV. Klasse. **Filek** Dr. E. v. Wittingshausen, Elementarbuch der französischen Sprache. **Magnin-Dillmann**, Praktischer Lehrgang zur Erlernung der französ. Sprache. **Herr** Gust., II. Cursus: Länder- und Völkerkunde. **Stieler** oder **Kozenn's** geografischer Schulatlas. **Gindely** Ant. III. Bd., Die Neuzeit. **Hannak** Dr. Em., Österreichische Vaterlandskunde f. d. unteren Klassen der Mittelschulen. **Rhode**, historischer Schulatlas. **Haberl** Jos., Lehrbuch der allgemeinen Arithmetik und Algebra. **Heis** Dr. E., Sammlung von Beispielen und Aufgaben. **Streiszler** Jos., II. Abth. **Krist** Dr. Jos., Anfangsgründe der Naturlehre f. d. unteren Klassen der Mittelschulen. **Kauer** Dr. A., Elemente der Chemie. **Faltys** W., Böhm. Sprachbuch für Deutsche. **Tieftrunk** K., Böhm. Lesebuch für Deutsche. Kurzgefasstes Lehrbuch der Gabelsberger'schen Stenografie. (Preisschrift.) Lesebuch zum kurzgefassten Lehrbuche der Gabelsberg'schen Stenografie.

V. Klasse.

Egger Dr. Alois, Deutsches Lehr- und Lesebuch für höhere Lehranstalten. I. Th. **Filek** Dr. E. v. Wittingshausen, Elementarbuch der französischen Sprache. **Plötz** Dr. K., Schulgrammatik der französischen Sprache. **Gindely** Ant., I. Bd. Das Alterthum. **Rhode**. historischer Schulatlas. Haberl Jos., Lehrbuch der allgemeinen Arithmetik und Algebra. Heis Dr. E., Sammlung von Beispielen und Aufgaben. Wittstein Dr. Th., I. Bd., II. Abth. Planimetrie. Streiszler Jos., Elemente der darstellenden Geometrie. Woldřich Dr. Joh., Leitfaden der Zoologie für den höheren Schulunterricht. Lorscheid Dr. J., Lehrbuch der anorganischen Chemie. Schmidt Im. Dr., Elementarbuch der engl. Sprache. Lüdecking H. Dr., Engl. Lesebuch. Faltys, Böhm. Sprachbuch für Deutsche. Tioftrunk K., Böhm. Lesebuch für Deutsche. Kurzgefasstes Lehrbuch der Gabelsberger-schen Stenografie. Lesebuch zum kurzgefassten Lehrbuche der Gabelsberg'schen Stenografie.

VI. Klasse.

Jauker K. und Noë H., Deutsches Lesebuch für die oberen Klassen der Realschule. Plötz Dr. K., Schulgrammatik der franz. Sprache. Plötz Ch., Lectures choisies, franz. Chrestomathie mit Wörterbuch. Gindely Anton, II. Bd. Das Mittelalter. Rhode, historischer Schulatlas. Salomon Dr., I. Band. Rogner Joh., Sammlung von Aufgaben. Wittstein Dr. Th., II. Bd., I. und II. Abth. Streiszler Jos., Elemente der darstellenden Geometrie. Wretschko Math., Vorschule der Botanik. Handl Dr. Al., Lehrbuch der Physik. Lorscheid Dr. J., Lehrbuch der anorgan. Chemie. Schmidt Im. Dr., Elementarbuch der engl. Sprache. Lüdecking H. Dr., Englisches Lesebuch. Jireček, Anthologie III. Th. Kühnelt Ant., Lehrbuch der deutschen Stenografie. Faulmann K., Stenografische Anthologie.

VII. Klasse.

Egger Dr. Al., II. Th., Literaturkunde. Plötz Dr. K., Schulgrammatik der franz. Sprache. Plötz Ch., Lectures choisies, franz. Chrestomathie. Gindely Ant., III. Bd. Die Neuzeit. Hannack Dr. Em., Österreichische Vaterlandskunde. Rhode historischer Schulatlas. Salomon Dr., I. und II. Bd., Elemente der Algebra und Geometrie. Streiszler Jos., Elemente der darstellenden Geometrie. Hochstätter Dr. Fr., Bisching Dr. A., Leitfaden der Mineralogie und Geologie. Handl Dr. Al., Lehrbuch der Physik. Lorscheid Dr. J., Lehrbuch der anorganischen Chemie. Lorscheid Dr. J., Lehrbuch der organischen Chemie. Schmidt Im. Dr., Elementarbuch der engl. Sprache. Lüdecking H. Dr., Englisches Lesebuch. Kühnelt Ant., Lehrbuch der deutschen Stenografie. Faulmann K., Stenografische Anthologie. Jireček J., III. Th. Anthologie.

XIII. Verzeichnis

der bis zum Schlusse des Schuljahres an der Anstalt verbliebenen Schüler mit Angabe ihrer Geburtsorte.

Ia. Klasse.

Abeles Robert, Prag.
Anderka Hugo, Turnitz.
Arnstein Richard, Beneschau.
Arnstein Victor, Wottlitz.
Balaun Alois, Prag.
Bauer Heinrich, Prag.
Bunsch Rudolf, Temesvar.
Gourat Josef, Prag.
Eisenschiml Emanuel, Měčin.
Eisner Emil, Mühlhausen.
Fanta Adolf, Laun.
Fiala Karl, Smichov.

Fischer Siegmund, Příbram.
Fischl Ludwig, Běchčin.
Flusser Hugo, Dresden.
Glaser Karl, Prag.
Grünfeld Richard, Chraustov.
Guth Rudolf, Prag.
Hammer Emanuel, Wien.
Hartig Leo, Herexas.
Hayn Gottlieb, Prag.
Hille Ottokar, Kralup.
Hora Franz, Gr.-Čakowic.
Jaroschka Gottlieb, Munzifay.

Jetschný Emil, Dobřísch.
Katz Eduard, Horažďowitz.
Kohn Moriz, Horažďowitz.
Kohn Siegmund, Beraun.
Kraus Abraham, Gr.-Morzin.
Kunesch Franz, Prag.
Kusý Siegmund, Petrowitz.

Privatisten:

Kämpf Karl, Lieblitz.
Klein Rudolf, Jičín.

Ib. Klasse.

Lawatschek Julius, Prag.
Leudecke Oscar, Rokoska.
Makas Franz, Neuhaus.
Mattausch Friedrich, Prag.
Matucha Veit, Tursko.
Mayer Ernst, Neu-Bydžow.
Mayer Franz, Neu-Bydžow.
Meister Julius, Prag.
Michel Franz, Prag.
Müller Rudolf, Prag.
Nachlinger Karl, Velký dvůr.
Picha Viktor, Wuitsch.
Pokorný Karl, Bubeneč.

Pollák Emil, Všetat.
Pollak Friedrich, Mrlnik.
Popp Ignaz, Prag
Raffalt Wilhelm, Smichov.
Richter Alfred, Dauba.
Robitschek Rudolf, Peček.
Růžička Jakob, Dražetic.
Schmied Anton, Brünn.
Schrader Karl, Prag.
Schulz Erwein, Pepowitz.
Schweiger Josef, Prag.
Stein Siegfried, Prag.
Ströhr Ferdinand, Taus

Taussig Friedrich, Prag.
Vraný Josef, Suchno.
Weber Karl, Bilin.
Weiss Eduard, Straža.
Weiss Gustav, Chesnowitz.
Werner Otto, Brandeisl.
Werze Rudolf, Linz.
Womela Johann, Kreibitz.
Wraný Ernst, Jinonitz.

Privatisten:

Pick Gustav, Brandeis a.d.E.
Putzker Adalbert, Jičín.

II. Klasse.

*Autersky Eduard, Prag.
Baumann Karl, Pürglitz.
Baumann Wilhelm, Prag.
Baume Anton, Prag.
Bergmann Robert, Prag.
Bernas Wenzel, Wráž.
Bubeníček Karl, Nižeboch.
Budiner Raimund, Eger.
Dix Alfred, Scholchowitz.
Dolleschal Adolf, Dařenic.
Epstein Max, Sopka.
Fischer Em., Brandeis a.d.E.
Fuchs Emanuel, Dejwitz.
Gieler Josef, Neudorf.
Gottfried Friedrich, Prag.
Haas Johann, Leskau.
Halma Karl, Kiritein.
Hausmann Wenzel, Makotřas.

Hrubý Josef, Prag.
Hübner Leo, Prag.
Jandowský Vincenz, Prag.
Klein Friedrich, Rimnitz.
Klein Karl, Zaběblitz.
Kohn Alois, Mühlhausen.
Kohn Richard, Taužetin.
König Rudolf, Prag.
Liebling Josef, Dobruška.
Lowositz Paul, Prag.
Majer Albin, Prag.
Markowič Josef, Strešowitz.
Mayer Wenzel, Prag.
Moižisch August, Smichov.
Morawetz Val., Stebuzowes.
Newařil Josef, Zásmuk.
Pollatschek Moriz, Smylovy Hory.

Pražák Gustav, Prag.
Procházka Johann, Prag.
Propper Emanuel, Hospozin.
Růžička Anton, Soběšín.
Samuel David, Podersam.
Schnoppel Karl, Scharka.
Schuldes Adalbert, Buchan.
Schuster Vincenz, Prag.
Spitz Adolf, Prag.
Srb Josef, Kolloschowitz.
Srb Max, Holoubkau.
Ströhr Johann, Pisek.
Svoboda Anton, Prag.
Vogel Victor, Waclawitz.
Wokaun Josef, Smichov.
Wurm Adolf, Dobřísch.
Wurm Ignaz, Netwořitz.

III. Klasse.

Barth Jakob, Lužan.
Budiner Gustav, Eger.
Cwrk Method, Mirowitz

Čubiš Josef, Liboschin.
Eckstein Max, Lieben.
Eichmann Georg, Prag.

Epstein David, Kuttenplan.
Fanta Alois, Neubenatek.
Friebel Anton, Prag.

Goller Anton, Hořic.
Grellepois Léon, Prag.
Hajek Johann, Troja.
Halphen Gustav, Kolín.
Havlíček Johann, Prag.
Heller Emil, Welwarn.
Hofbauer Alfred, Počernitz.
Homolka Wenzel, Prag.
Hübner Arthur, Prag.
Hyhlík Leopold, Bělá.
Jobst Anton, Pilsen.
Kadeřávek Emil, Klomín.
Kahn Eduard, Skalsko.
Karpeles Theodor, Welwarn.
Kluge Karl, Smichov.
Kolarsky Julius, Spalato.

Kovanda Adolf, Brandeisl.
Krombholz Ladisl., Kokovic.
Kubin Karl, Odenburg.
Kubr Josef, Buttowitz.
Lenk Emil, Ströbl.
Lustig Johann, Ledenic.
Noël Wenzel, Prag.
Pánek Rudolf, Althütten.
Pánek Viktor, Althütten.
Pilat Wenzel, Prag.
Pollatschek Karl, Štěpánov.
Popper Otto, Kladno.
Reinitzer Alois, Prag.
Renner Josef, Prag.
Sator Stefan, Wien.
Scholer Franz, Schwarzdorf.

Schulmann Hein., Welwarn.
Schwarz Johann, Prag.
Semsch Josef, Teplitz.
Severus Pius, Edler v. Laubenfeld, Prag.
Taussig David, Smichov.
Taussig Richard, Smichov.
Wantoch Max, Prag.
Weigl Moriz, Prag
Werzo Ludwig, Josefstadt.
Zimmermann Eduard, Komotau.
Ženíšek Gustav, Prag.

Privatist:
Pereles Friedrich, Jičín.

IV. Klasse.

Apfelbauer Josef, Nimburg.
Brtnický Viktor, Prag.
Burka Josef, Klobuk.
Černý Emil, Hirschberg.
Czerny Heinrich, Soběslau.
Danzer Oscar, Sangerberg.
Diener Josef, Prag.
Edelstein Sieg., Wischnova.
Finla Alois, Rastadt.
Flossmann Wgl., Bischofteinitz.
Frankenbusch Th., Hořenowes.
Hamiener Franz, Prag.
Havranek Friedrich, Prag.
Heber Franz, Teschnitz.
Hradetzký Ludwig, Jamnai.
Jaroschka Jaromír, Muncifay.
Jutkowitz Rudolf, Prag.
Kalliwoda Josef, Nimburg.

Kapper Emil, Smichov.
Kohn Arnold, Braschin
Kohn Emanuel, Grossdorf.
König Albert, Čisowic.
Ledwinka Zdenko, Ritter v. Adlerfels, Skřiwan.
Lendl Ferdinand, Libochowic.
Lux Alois, Gusswerk b. Maria-Zell.
Markowič Franz, Střežowic.
Mayer Josef, Prag.
Meissl Adolf, Fischern.
Moor Simon, Sillein.
Parkos Franz, Prag.
Pfeifer Julius, Rumburg.
Pick Anton, Brandeis a. d E.
Pick David, Königstadtl.
Piesen Leopold, Junghunzlau.

Raubitschek Oscar, Poděbrad.
Rauscher Hugo, Joachimsthal
Roth Siegfried, Pilsen.
Samuel Daniel, Podersam.
Schnoppel Gottlieb, Scharka.
Schön Ernst, Lissa
Schönbach Johann, Prag.
Sperk Josef, Gossawoda.
Sperk Ludwig, Prag.
Steif Heinrich, Prag.
Stiassný Anton, Prag.
Stübchen Adolf, Wien.
Trejtnar Franz, Hanchen.
Wolf Maximilian, Holous.
Zeckendorf Alois, Litten.

Privatist:
Lechleitner Viktor.

V. Klasse.

Alexander Heinrich, Prag.
Bollmann Eduard, Köln a. R.
Bondy Karl, Prag.
Čapek Ladislaus, Prag.
Eckert Franz, St. Margareth.
Epstein Wilhelm, Schopka.
Fischer Karl, Brandeis a. d. E.
Flusser Heinrich, Jistebnitz.
Goller Rudolf, Miletín.
Hahn Leonard, Sangerberg.
Hannak Joh., Brandeis a.d.A.
Haudek Anton, Schärding.
Hlawitschka Anton, Tuchořitz.
Hock Karl, Prag.
Holletz Emil, Prag.
Hrach Josef, Smichov.

Kaskeline Friedrich, Prag
Kauba Friedr Szamos-Ujwár.
Koch Franz, Wrannowitz.
Kolben Emil, Strančic.
Konrad Oscar, Tetschen.
Košák Eduard, Gross-Mořín.
Kunze Hein., Karolinenthal.
Langweil Emil, Budín.
Marterer Robert, Neugedein.
Masner Josef, Neuknín
Morgenstern David, Kolín.
Nebednář Josef, Prag.
Novotný Karl, Agram.
Osborne Alfred, Calais
Pacholik Thomas, Prag.
Pfeifer Rudolf, Rumburg.

Platzer Friedrich, Prag.
Popper Viktor, Hostiwitz.
Reichert Johann, Plat.
Reinitzer Johann, Prag
Schneider Alois, Prag.
Sobotka Johann, Řepník.
Širc Josef, Měcholup.
Strehler Johann, Röchlitz.
Suchomel Eduard, Sichelsdorf
Thein Franz, Wollowitz
Turba Ludwig, Rit. v., Prag.
Tyll Viktor, Prag.
Vogel Otto, Wáclawitz.
Wiesenberger Gustav, Beraun.
Zawodský Emil, Kladno.
Zebisch Anton, Zettlitz.

VI. Klasse.

Blaschke Johann, Dittersbach.
Bureš Franz, Chotouň.
Čermák Josef, Gisshübel.
Dokoupil Johann, Olmütz.
Enisch Franz, Karlsbad.

Grossmann Fried., Dittersdorf.
Haan Ludwig, Zwoleňowes.
Hellmich Johann, Zwittau.
Holečsek Hein., Böhm.-Brod.
Klügl Karl, Dokau.

Ott Josef, Edler v., Stankau
Pešek Franz, Prag.
Pfeifer Franz, Aujezd.
Popper Emil, Hostiwitz.
Prchal Ignaz, Boskowitz.

Prokůpek Wenzel, Rostoklat.
Rothbauer Theodor, Krumau.
Sabath Benjamin, Záboř.
Schächer Wenzel, Hostau.
Scholz Wilhelm, Prag.
Schulz Karl, Caslau.

Schütz Gustav, Senftenberg.
Spinka Eugen, Schottwien
Taraba Ladislaus, Richenburg.
Teller Adalbert, Střechov.
Trawniček Josef, Prag.
Unger Franz, Königswart.

Weiss Josef, Chesnowitz.
Weiss Otto, Rokitnitz
Weissberger Alfred, Kolin.
Willigk Erwein, Prag.
Privatist:
Mannel Kon., Ober-Rokitnitz.

VII. Klasse.

Afnera Eduard, Prag.
Beer Julius, Cittwa
Bolzano Friedrich, Edler v. Kronstätt, Schlan.
Czaja Josef, Slawitschin.
Fischer Ferd., Kohljanowitz.
Hock Emil, Prag.
Hradetzký Heinrich, Kaunitz.
Hrubý Gotthard, Gabel.
Jaroschka Heinrich, Smečna

Kress Maxmilian, Trautenau.
Kreysler Eduard, Prag.
Lachenbauer Karl, Rappitz.
Lilienfeld Alfred, Jičín.
Piesen Josef, Jungbunzlau.
Pollak Anton, Chwala.
Ponec Heinrich, Alt-Bunzlau.
Reichmann Max, Prag.
Reinitzer Heinrich, Prag.
Ritter Ottokar, Netolitz.

Rüdiger Alois, Rappitz.
Sabath Isak, Raby.
Sobotka Josef, Řepnik.
Suchomel Rudolf, Prag.
Taussig Hein., Böhm.-Leipa
Totzauer Anton, Prag.
Verbíř Emanuel, Reps.
Werner Gustav, Brandeis'.
Wesselý Johann, Opočno.

XIV. Verzeichnis der Vorzugschüler.

Ia. Klasse.

1. **Jaroschka** Gottlieb.
2. **Kohn** Moriz.
3. **Eisner** Emil.
4. **Kraus** Abraham.
5. **Hammer** Emanuel.

Ib. Klasse.

1. **Weber** Karl.
2. **Pollak** Emil.
3. **Womela** Johann.

II. Klasse.

1. **Pollatschek** Moriz.
2. **Schuldes** Adalbert.
3. **Pražák** Gustav:
4. **Bernas** Wenzel.
5. **Bergmann** Robert.

III. Klasse.

1. **Pánek** Viktor.
2. **Karpeles** Theodor.

3. **Čebiš** Josef.
4. **Friebel** Anton.
5. **Eichmann** Georg.
6. **Pollatschek** Karl.

IV. Klasse.

1. **Pfeifer** Julius.
2. **Kohn** Arnold.
3. **Sperk** Josef.
4. **Zeckendorf** Alois.

V. Klasse.

1. **Kolben** Emil.
2. **Sobotka** Johann.

VI. Klasse.

1. **Sabath** Benjamin.
2. **Scholz** Wilhelm.

VII. Klasse.

1. **Sobotka** Josef.
2. **Kress** Maxmilian.